La Brève Histoire de la Seconde Guerre Mondiale

L'ascension d'Adolf Hitler, l'Allemagne nazie et le Troisième Reich, et les batailles, des blitzkriegs aux bombes atomiques

(1939-1945)

Avis de non-responsabilité

Copyright 2022 par Academy Archives - *Tous droits réservés*

Ce document vise à fournir des informations exactes et fiables sur le sujet et la question traités. La publication est vendue avec l'idée que l'éditeur n'est pas tenu de rendre des services comptables, officiellement autorisés, ou autrement qualifiés. Si des conseils sont nécessaires, d'ordre juridique ou professionnel, il convient de s'adresser à une personne exerçant la profession - à partir d'une déclaration de principes qui a été acceptée et approuvée à égalité par un comité de l'American Bar Association et un comité des éditeurs et des associations.

Il n'est en aucun cas légal de reproduire, dupliquer ou transmettre une partie de ce document, que ce soit par des moyens électroniques ou sous forme imprimée. L'enregistrement de cette publication est strictement interdit et tout stockage de ce document n'est pas autorisé, sauf autorisation écrite de l'éditeur. Tous droits réservés.

La présentation des informations est sans contrat ni assurance de garantie d'aucune sorte. Les marques commerciales utilisées le sont sans aucun consentement, et la publication de la marque est sans autorisation ni soutien du propriétaire de la marque. Toutes les marques et marques déposées figurant dans ce livre ne sont utilisées qu'à des fins de clarification et appartiennent à leurs propriétaires respectifs, qui ne sont pas affiliés à ce document. Nous n'encourageons pas l'abus de substances et nous ne pouvons être tenus responsables de la participation à des activités illégales.

1

Introduction

La Seconde Guerre mondiale est l'escalade de la deuxième guerre sino-japonaise qui a débuté en 1937 et d'une guerre européenne commencée en 1939 en un conflit militaire mené de 1941 à 1945 à l'échelle mondiale entre deux alliances : les puissances de l'Axe et les Alliés. En Occident, les années 1939 et 1945 sont généralement considérées comme le début et la fin de la guerre.

La Première Guerre mondiale s'est terminée en 1918 par une victoire des trois grandes démocraties occidentales : le Royaume-Uni, la Troisième République française et les États-Unis. Cependant, ceux-ci n'ont pas formé d'alliance militaire formelle par la suite. Le Royaume-Uni et les États-Unis ont dissous la plupart de leurs forces armées. Cela a permis l'émergence de régimes autoritaires agressifs : l'Union soviétique communiste en 1918, l'Italie fasciste en 1922, une dictature militaire japonaise après 1926 et l'Allemagne nazie en 1933. Finalement, tous les pays se sont engagés dans une course à l'armement accompagnée de tensions internationales croissantes.

Le 7 juillet 1937, le Japon envahit la Chine. Après avoir conquis le nord-est de ce pays, une guerre prolongée s'ensuit, qui fait des millions de victimes. Au cours de l'été 1939, l'Union soviétique a vaincu le Japon qui cherchait à conquérir la Mongolie. Après cela, le Japon a décidé de se concentrer sur la conquête de l'Asie du Sud-Est. Le dictateur national-socialiste allemand Adolf Hitler a fait occuper la Rhénanie démilitarisée en 1936. En 1938, l'Allemagne a annexé l'Autriche dans le cadre de l'*Anschluss*. Dans le traité de Munich, la Tchécoslovaquie devait céder les Sudètes germanophones. Lorsque la Tchécoslovaquie est complètement soumise en mars 1939, le Royaume-Uni et la France promettent d'aider la Pologne en cas d'attaque allemande. Ils espèrent qu'Hitler s'abstiendra désormais d'envahir le pays, car l'armée allemande est loin d'avoir achevé sa formation. Le 23 août, cependant, il conclut le pacte Molotov-Ribbentrop avec l'Union soviétique, ce qui lui laisse penser qu'une intervention internationale ne se concrétisera pas une nouvelle fois.

La Wehrmacht et les SS allemands envahissent la Pologne le 1er septembre 1939. Le Royaume-Uni et la France déclarent la guerre à l'Allemagne le 3 septembre

3

1939. La Pologne a été conquise au bout d'un mois. L'Union soviétique occupe la partie orientale du pays. Les Britanniques et les Français commencent à rassembler un surplus d'hommes et d'équipements pour vaincre l'Allemagne en 1941. En avril 1940, cependant, les Allemands ont capturé le Danemark et la Norvège. En mai 1940, les Pays-Bas et la France sont vaincus par une avancée surprise d'unités de chars à travers les Ardennes vers la Manche. Les Britanniques ont réussi à repousser une invasion lors de la bataille d'Angleterre. Les États-Unis ont ensuite offert un soutien matériel au Royaume-Uni, notamment par le biais du Loan and Leasehold Act. L'Allemagne tente d'affamer le Royaume-Uni par la guerre sous-marine et est elle-même bombardée avec une intensité croissante, le tout sans résultat décisif. Juin 1940 : l'Italie entre en guerre. L'échec des attaques italiennes contre l'Égypte et la Grèce contraint l'Allemagne à s'engager dans l'assujettissement de l'ensemble des Balkans et dans une longue campagne d'Afrique du Nord.

Hitler pensait en 1941 qu'une Wehrmacht "invincible" pourrait réaliser les idéaux de l'idéologie nazie : exterminer les Juifs et soumettre les *Untermenschen* slaves à une couche supérieure de colonisateurs germaniques. Le 22 juin 1941, l'Allemagne envahit l'Union soviétique. Après avoir gagné beaucoup de terrain, cette offensive a échoué à l'automne. Le 7 décembre 1941, des navires du camp aérien de l'Empire japonais ont mené une attaque surprise contre la flotte américaine du Pacifique à Pearl Harbor. Hitler a déclaré la guerre aux États-Unis, la plus grande économie du monde, quatre jours plus tard. Ainsi, les puissances de l'Axe sont impliquées dans un conflit mondial contre une coalition dont la puissance militaire dépasse largement la leur dès 1942, de sorte que leur défaite n'est qu'une question de temps.

Cette année-là, ils ont encore remporté des succès qui se sont toutefois soldés par des échecs douloureux. Le Japon conquiert de grandes parties de l'Asie mais subit une défaite décisive lors de la bataille de Midway. Les armées allemandes avancent en Égypte et dans les champs pétrolifères du Caucase, mais sont détruites lors de la deuxième bataille d'El Alamein et de la bataille de Stalingrad. Juillet 1943, une dernière grande offensive allemande sur le front oriental échoue dans la bataille de Kursk. Le même mois, les Britanniques et les Américains débarquent en Italie. Le dictateur italien Benito Mussolini est renversé. Les Allemands occupent le nord de l'Italie.

5

Jusqu'en mai 1944, l'Armée rouge a pu reconquérir l'Ukraine parce que Hitler a ordonné qu'une partie importante de ses réserves blindées soit déployée en France. Néanmoins, les Alliés occidentaux parviennent à débarquer en Normandie le jour J, le 6 juin 1944, et finissent par percer et détruire une grande partie de l'armée allemande. Ils ont libéré la France et la Belgique. Au même moment, l'Armée rouge détruit le groupe d'armées allemand Middle dans l'opération Bagration. La Finlande, la Roumanie et la Bulgarie passent du côté des Alliés. La Wehrmacht est incapable de se remettre des pertes subies. Cependant, l'avance des Alliés est ralentie par des problèmes d'approvisionnement, l'échec de l'opération Market Garden et l'offensive allemande des Ardennes. Janvier 1945, l'offensive Weichsel-Oder écrase les forces allemandes en Pologne. Les Alliés se déplacent vers l'ouest, traversent le Rhin et entrent en contact à l'Elbe en mai avec l'Armée rouge qui a pris Berlin. Hitler s'était suicidé. Les 8/9 mai 1945, l'Allemagne capitule.

Une coopération s'est développée entre l'Union soviétique d'une part et les Britanniques et les Américains d'autre part, caractérisée par beaucoup de méconnaissance et de méfiance mutuelles, auxquelles les Allemands ont répondu. Cette coopération allait bientôt se transformer en une nouvelle période de conflit après la fin de la Seconde Guerre mondiale, connue sous le nom de guerre froide. Après la guerre, des développements importants, en partie fondés sur l'expérience, ont été la création des Nations unies - qui ont remplacé la Société des Nations qui s'était révélée impuissante - et la rédaction de la Déclaration universelle des droits de l'homme.

Titre

Dès 1939, après la déclaration de guerre franco-britannique à l'Allemagne pour avoir envahi la Pologne, le terme "*Seconde Guerre mondiale*" *a été* utilisé par le politicien conservateur britannique Duff Cooper, qui sera nommé ministre *de l'*information par le nouveau Premier ministre Winston Churchill en 1940.

Ce n'est qu'après 1945 que cette appellation se généralisera, de même que l'appellation *Première Guerre mondiale* pour les événements de 1914-1918 précédemment désignés comme *la Grande Guerre*, bien qu'elle ait déjà été utilisée par Charles à Court Repington en 1918.

Belgique et Pays-Bas

La Belgique et les Pays-Bas sont attaqués par l'Allemagne le 10 mai 1940. Le 14 mai, l'armée néerlandaise se rend. L'accord de capitulation est signé le 15 mai. La capitulation ne s'applique pas à la province de Zélande, où les combats se poursuivent pendant plusieurs jours. La Belgique capitule le 28 mai après 18 jours de résistance. L'occupation qui s'ensuit dure en Belgique jusqu'au 17 septembre 1944 et aux Pays-Bas, au nord des grands fleuves, jusqu'au 6 mai 1945. Le Japon a envahi les Indes orientales néerlandaises le 10 janvier 1942 et a capitulé le 15 août 1945. Les Pays-Bas ne reprendront jamais le contrôle total du royaume insulaire, qui est devenu indépendant en 1949.

Table des matières

Les causes de la guerre en Europe

La lutte pour l'hégémonie européenne 1866 - 1918

Après la création de l'Empire allemand en 1871, la puissance militaire et économique allemande s'est rapidement accrue, soutenue par une nouvelle croissance démographique et un développement industriel.

Sous la direction de la Prusse, la Confédération germanique et la Confédération nord-allemande avaient déjà remporté la deuxième guerre germano-danoise (1864) et la guerre austro-prussienne (1866). La défaite rapide de la France dans la guerre franco-allemande de 1870-71, à l'issue de laquelle l'Allemagne a annexé la majeure partie de l'Alsace et de la Lorraine, montre clairement que l'équilibre des forces en Europe a profondément changé depuis les guerres napoléoniennes.

L'annexion a provoqué la poursuite d'un grave conflit territorial entre l'Allemagne et la France.

Une politique étrangère maladroite sous Wilhelm II
d'Allemagne a également créé des tensions entre l'Empire
allemand et le Royaume-Uni et l'Empire russe. Pour les
Britanniques, l'un des facteurs est que l'Allemagne devient
de plus en plus un rival maritime et industriel.

Ils craignent surtout le dumping des marchandises
allemandes sur le marché britannique. Pour les Russes, la
pierre d'achoppement est le soutien allemand à l'Autriche-
Hongrie dans les Balkans, où la Double Monarchie domine
également les peuples slaves. Les Britanniques, les
Français et les Russes commencent à former un bloc anti-

allemand, la Triple Entente. Cela renforce les sentiments d'arriération en Allemagne, où un nationalisme, un militarisme et un expansionnisme de plus en plus virulents revendiquent pour le pays une hégémonie correspondant à sa position de plus grande puissance terrestre du monde.

Lorsque la montée des tensions conduit à la Première Guerre mondiale en 1914, la supériorité militaire allemande s'avère insuffisante pour une victoire rapide. Une impasse sanglante s'ensuit sur le front occidental.

Un blocus allié de l'Allemagne provoque de graves pénuries de matières premières pour l'industrie et la famine. Mener une guerre sur deux fronts était un trop lourd fardeau. Cependant, les Allemands ne sont pas disposés à faire la paix sans gains territoriaux. Les services secrets allemands ont envoyé Lénine en Russie.

Son nouveau régime soviétique conclut la paix de Brest-Litovsk. Avec l'offensive du printemps 1918, l'état-major allemand espère désormais remporter la victoire à l'ouest avant que les Américains, qui lui sont venus en aide, ne puissent constituer une force de combat suprême en 1919.

13

Dans le même temps, ils ont occupé l'Ukraine pour améliorer l'approvisionnement en nourriture. Cet effort extrême n'a conduit qu'à un rapide épuisement total de l'armée allemande, suivi de la révolution de novembre.

Le 11 novembre 1918, l'Allemagne est contrainte de conclure un armistice. À l'époque, la ligne de front traverse encore la Belgique, ce qui alimente la légende du coup de poignard selon laquelle les troupes du front ont été trahies par des politiciens défaitistes.

Le traité de Versailles n'a pas créé une situation stable en 1919. La population allemande s'est sentie injustement traitée en raison des énormes paiements de réparation et des pertes territoriales. Les territoires en partie germanophones tombent dans l'escarcelle de la France (Alsace et Lorraine) ou de la Pologne, redevenue indépendante depuis 1793.

La Prusse orientale est isolée du reste de l'Allemagne par le corridor de Dantzig. Cela a conduit au revanchisme et à l'irrédentisme. Les Alliés n'ont reçu aucune garantie contraignante pour empêcher une résurgence allemande. L'armée allemande est réduite en taille et en armement mais n'est pas dissoute. Seule la Rhénanie est occupée et, contre la volonté de la France, non pas de manière permanente mais seulement pour 15 ans. Le maréchal français Ferdinand Foch a donc décrit le traité de Versailles comme "non pas une paix, mais un armistice de vingt ans".

L'instabilité allemande 1918 - 1929

L'Allemagne, politiquement instable, a sombré dans le chaos et la pauvreté après l'armistice. La gauche et la droite se sont battues pour le pouvoir. Cette bataille sera finalement réglée en faveur du national-socialisme totalitaire. L'essence de ce mouvement fasciste était que le plus fort a le droit de dominer le plus faible. Cela explique à la fois le caractère nationaliste radical, antisémite, militariste, antidémocratique et anticommuniste de ce mouvement et la guerre d'anéantissement d'inspiration idéologique qui s'en est suivie. Toutefois, ce processus a duré 15 ans.

Les partis médians sociaux-démocrates, libéraux et chrétiens-démocrates de la République de Weimar tentent d'instaurer un État de droit démocratique, mais sont

15

immédiatement confrontés à des soulèvements. La
révolution communiste russe d'octobre 1917 a déclenché
une vague de révolution à travers l'Europe. En Bavière, les
communistes ont proclamé une république du conseil au
début de 1919, et à Berlin, il y a eu la révolte de
Spartacus. Le Premier ministre Friedrich Ebert est
contraint de recourir à des milices radicales d'extrême
droite composées de soldats de retour du front, les corps
francs, pour réprimer les soulèvements.

Ces groupes nationalistes n'avaient aucune idée que
l'Allemagne pouvait bien être responsable de tous ses
malheurs, que ce soit parce qu'elle n'avait pas mené la
bataille avec suffisamment de fermeté.

Des "traîtres" présumés comme le ministre des affaires
étrangères Walther Rathenau et l'ex-vice-chancelier
Matthias Erzberger ont été tués par la terreur de l'extrême
droite. L'ancien régime composé de la noblesse, de la
bureaucratie et de l'armée avait perdu toute autorité,
comme en témoigne le Kapp-putsch, une révolte des
Freikorps contre la dissolution de leurs unités de l'armée,
qui aboutit à une tentative de coup d'État ratée.

Lors des élections générales de juin 1920, l'extrême gauche (Unabhängige Sozialdemokratische Partei Deutschlands) et l'extrême droite (German-nationals) l'emportent au détriment du centre. Les groupes de droite, conservateurs et nationalistes, ne voulaient cependant pas assumer la responsabilité gouvernementale.

En 1922, alors que la situation en Allemagne commence à se stabiliser quelque peu, un gigantesque paiement de réparation de 136 milliards de marks est imposé au pays, qu'il n'a aucun moyen de satisfaire. En réponse, la France et la Belgique, sans le soutien de la Grande-Bretagne et de l'Amérique, occupent la région de la Ruhr, où la production industrielle est à l'arrêt.

Combiné au financement monétaire, l'impression d'argent non garanti, cela a conduit à une hyperinflation qui a rendu les économies de la classe moyenne sans valeur.

Le nouveau directeur de la Banque nationale, Hjalmar Schacht, met fin à l'inflation en faisant correspondre 20 milliards de vieux marks à un nouveau mark. La nouvelle monnaie a pris de la valeur grâce aux énormes prêts accordés par les États-Unis et les banques néerlandaises, qui ont prêté trois milliards de marks.

La circulation de l'argent a ainsi pu reprendre et l'Allemagne a pu procéder à des réparations. La France et le Royaume-Uni ont ainsi remboursé leurs dettes aux États-Unis.

Peu après, en 1923, une tentative de coup d'État de droite, le Bierkellerputsch, échoue en Bavière. À l'époque, elle n'a guère attiré l'attention, mais l'un des participants était Adolf Hitler, du parti national-socialiste des travailleurs allemands.

Hitler a été condamné à cinq ans de prison, dont un an qu'il a finalement dû purger. Pendant cette détention, il dicte *Mein Kampf*, qui deviendra plus tard un élément central de la propagande nazie.

En 1924, des temps un peu meilleurs s'annoncent pour l'Allemagne. Gustav Stresemann, ministre allemand des affaires étrangères sous la présidence de Hindenburg (1925 - 1934), cherche à se rapprocher des pays occidentaux. Charles Dawes, en tant que président d'une commission internationale, élabore le plan Dawes, un plan de paiement pour les réparations allemandes. Les premiers ministres Ramsay MacDonald et Édouard Herriot acceptent le plan Dawes, et l'Allemagne est également d'accord. En 1925, l'Allemagne a conclu le traité de Locarno avec la France, la Grande-Bretagne et plusieurs autres pays voisins. Les troupes de la Ruhr sont retirées et les nouvelles frontières occidentales sont garanties mutuellement. Il ouvre également la voie à l'adhésion à la Société des Nations, qui prendra effet en 1926.

En mai 1928, le peuple allemand opte clairement pour une politique de paix en donnant une victoire électorale aux sociaux-démocrates, tandis qu'Hitler ne recueille que 2,5 % des voix. Le 27 août 1928, le ministre Stresemann signe à Paris le pacte Briand-Kellogg avec les autres grandes puissances. Les différends internationaux ne devaient pas être résolus par la guerre, mais par des moyens pacifiques tels que l'arbitrage.

Toutefois, la République de Weimar n'a pas fait preuve d'une totale bonne foi en la matière. Il est interdit à l'Allemagne de posséder des chars d'assaut, mais elle contourne cette interdiction en développant des armes secrètes en Suède et en Union soviétique.

19

Au printemps 1929, le diplomate américain Owen D. Young propose le plan Young. Elle a allégé les paiements à 114 milliards à régler sur 59 ans, soit environ 3 % du PNB. Les Allemands s'attendaient à une réduction beaucoup plus importante.

Le parti national populaire allemand l'a présenté comme un fardeau insupportable pour le peuple allemand et sa popularité a fortement augmenté. Un référendum (*Volksentscheid*) a rejeté le plan à une large majorité mais n'était pas contraignant.

Le gouvernement allemand a accepté ce plan lors de la première conférence de La Haye sur le redressement et de la deuxième conférence de La Haye sur le redressement de 1930, principalement parce qu'il avait désormais le droit de suspendre les réparations pendant deux ans. Cette perspective a déstabilisé l'ensemble du système financier international dès l'été 1929.

La Grande Dépression

Le krach boursier de 1929 a provoqué l'effondrement de l'économie américaine. Les banques américaines ont exigé leurs prêts en Europe. Partout, les gouvernements se sont tournés vers le protectionnisme, entravant les importations, provoquant l'effondrement du commerce mondial. La Grande Dépression était un fait. L'Allemagne a été durement touchée. Le cabinet de Heinrich Brüning, qui prend ses fonctions en mars 1930, répond par une sévère austérité combinée aux plans de réarmement du général Kurt von Schleicher.

Lors des élections de septembre 1930, le NSDAP a obtenu 18,5 % des voix. En juin 1931, Brüning suspend les réparations, ce qui entraîne une ruée sur les banques internationales. Le chômage passe de deux à six millions, soit 30 % de la population active, entre 1929 et 1933.

En 1932, la Conférence de Lausanne exempte l'Allemagne de nouvelles réparations, mais ce point est devenu sans importance au regard de la crise fondamentale qu'elle traverse.

Les communistes militent pour l'introduction d'une économie planifiée afin de remettre au travail les usines inactives gérées par l'État. Cependant, la classe moyenne craint une telle prise de pouvoir par les bolcheviks.

21

Une alternative était le NSDAP avec son mélange de socialisme et de nationalisme. L'électorat du NSDAP passe à près de 14 millions, soit 39,9 % des voix, lors des élections de juillet 1932. Avec le *Sturmabteilung,* il intimidait les adversaires.

Toutefois, le président Paul von Hindenburg refuse de nommer Hitler au poste de chancelier de l'Échiquier. Lors des élections de novembre 1932, les nazis perdent des partisans. À cette époque, cependant, le chancelier Franz von Papen commençait déjà à diriger un régime très autoritaire.

En janvier 1933, von Papen et Alfred Hugenberg, le chef du DNVP, persuadent Hindenburg de nommer Hitler chancelier du Reich au sein d'un cabinet dans lequel ils siègent également.

Le 27 février 1933 a lieu l'incendie du Reichstag, dont les nazis profitent pour poursuivre sans procès les membres des partis de gauche et les emprisonner dans des camps de concentration par le biais d'une ordonnance d'urgence (l'ordonnance sur l'incendie du Reichstag).

Lors de l'élection du Reichstag du 5 mars 1933, le parti d'Hitler obtient 44% des voix et celui de Hugenberg 8%. Hitler ne dispose donc pas de la majorité absolue, mais il fait adopter la loi d'habilitation en persécutant la gauche et en intimidant les partis restants, ce qui lui permet de prendre le pouvoir. Hitler a interdit tous les partis, à l'exception du NSDAP lui-même, et n'a plus autorisé d'élections libres, dirigeant effectivement le pays en tant que dictateur.

1933 - 1939

Le régime d'Hitler a connu un grand succès économique. En 1939, le chômage avait été pratiquement éliminé et le PIB avait presque doublé. Les infrastructures, telles que le réseau routier, ont été grandement améliorées. Cet aspect de son règne reçoit un large soutien du peuple allemand. Toutefois, ce succès est dû à une politique salariale encadrée.

Les salaires s'étaient effondrés en 1932 et n'ont pas été autorisés à augmenter par la suite. Les grèves ont été interdites. Une grande partie de la croissance économique a été engloutie par l'industrie de l'armement.

Le régime n'a pas pu se montrer à la hauteur de la prétention de redistribuer les richesses et de mettre des biens de consommation plus chers à la disposition de la masse de la population. Hitler pense que l'augmentation du pouvoir d'achat et la poursuite de la croissance dépendront de l'accès aux matières premières stratégiques et au pétrole, dont l'Allemagne manque structurellement.

En partie à cause des déficits budgétaires croissants, il y a toujours eu une pénurie de devises pour l'acheter sur le

marché mondial. Depuis l'hyperinflation, il était tabou de dévaluer le mark pour promouvoir les exportations.

Hitler ne voulait également plus faire partie du système financier et économique international contrôlé par les États-Unis et le Royaume-Uni. L'alternative était de s'assurer l'accès aux matières premières par des guerres de conquête.

Cette option convenait bien mieux à l'idéologie nazie. La guerre n'y était pas seulement un moyen mais une fin en soi. Dans l'éternelle bataille entre les races, le destin historique du *Herrenvolk* allemand aryen supérieur était de subjuguer et de dominer les *Untermenschen* slaves.

En dépit d'un endoctrinement militariste et raciste intensif, le peuple allemand n'est pas du tout d'humeur belliqueuse. Les services de sécurité ont indiqué que, les horreurs de la guerre mondiale précédente étant encore fraîches à l'esprit, l'enthousiasme pour un nouveau massacre était faible.

25

La *Wehrmacht* elle-même ne se considère pas prête pour un conflit militaire avant 1943. Versailles avait limité la taille de la Reichswehr à cent mille hommes. Les chars et l'aviation sont interdits ; la marine n'a droit qu'à des navires plus légers. Le mois de mars 1935 marque le début du réarmement ouvert. Malgré l'augmentation constante des dépenses militaires, qui atteignent 18 % du PNB en 1938, il est difficile de rattraper le retard. La plupart de l'argent a été consacré aux casernes, à la formation et aux bunkers.

On ne pouvait pas consacrer assez d'argent à des armes lourdes coûteuses et rapidement vieillissantes. Au milieu de l'année 1939, la Wehrmacht disposait de 9 000 canons, 2 500 chars, 2 300 avions, 57 sous-marins et 45 navires de surface. Dans tous ces types d'armes, ils étaient à la traîne par rapport aux ennemis potentiels. L'armement a entraîné un manque d'argent qui ne semblait pouvoir être résolu que par une guerre d'agression, mais qui n'était toujours pas suffisant pour garantir la victoire par la seule supériorité numérique.

Peu après la guerre, une théorie s'est répandue selon laquelle les nazis auraient trouvé une solution à ce problème dans la tactique innovante de la *blitzkrieg*. Il y aurait même eu une "stratégie de blitzkrieg" : en investissant dans les chars et en les concentrant dans un petit nombre de divisions blindées de haute qualité, ils pouvaient vaincre l'ennemi de manière rapide et moderne et ainsi obtenir la domination mondiale de manière peu coûteuse. Si de telles campagnes ont effectivement été menées dans les premières années de la guerre, des recherches historiques menées dans les années 1950 ont révélé qu'une telle stratégie n'a jamais existé.

Hitler n'avait pas de plan élaboré pour conquérir le monde et n'était que vaguement conscient de l'importance des unités blindées.

Plus tard, il est également apparu qu'il n'y avait même pas de doctrine de blitzkrieg. Une pensée assez traditionnelle et solide dominait dans l'armée allemande. Hitler était avant tout un opportuniste.

En cherchant à amener les régions germanophones *Heim ins Reich*, il a essayé d'enthousiasmer le peuple allemand pour au moins un conflit limité. Un tel appel au droit à l'autodétermination des peuples pourrait également forcer les Britanniques et les Français à faire des concessions. Ces derniers y sont sensibles car ils se sentent menacés par un adversaire bien plus dangereux que l'Allemagne.

En 1928, Joseph Staline avait pris tout le pouvoir en Union soviétique. Le pays a commencé à se transformer en superpuissance. L'Armée rouge est devenue la plus grande force de combat du monde. Le Royaume-Uni et la

France craignent que Staline ait l'intention de déclencher une révolution mondiale.

Ils ont renforcé le *cordon sanitaire*, une chaîne d'États anticommunistes. Dès le début des années 30, ils ont commencé à développer des armes modernes de manière plus intensive. Cependant, en réponse à la Grande Dépression, ils ont réduit leurs dépenses. Ils n'étaient pas disposés à augmenter très rapidement leurs budgets de défense. Ils espèrent qu'un État allemand conservateur et militairement fort pourra tenir en échec l'Union soviétique.

C'est pourquoi ils ne sont pas intervenus lorsque l'Allemagne a annoncé un réarmement. En janvier 1935, la France met fin à son mandat sur la Sarre. Elle n'intervient pas en mars 1936 lorsque la Rhénanie, libérée par les troupes françaises en 1930 sous condition de démilitarisation permanente, est réoccupée par les troupes allemandes.

L'ancienne Entente ne maintient donc plus l'ordre juridique international. Même les États-Unis, qui ne disposent que de forces terrestres minimes et dont la population est fortement favorable à l'isolationnisme, gardent leurs

29

distances. Les pays agressifs ont maintenant vu leur chance. L'Allemagne a quitté la Société des Nations en 1933. En octobre 1935, l'Italie envahit l'Abyssinie.

Juillet 1937, le Japon envahit la Chine. L'Allemagne s'est alliée au Japon dans le cadre du pacte anti-Komintern en 1936 et à l'Italie dans le cadre de l'axe Rome-Berlin. Ces puissances de l'axe se sont liées encore plus étroitement par le Pacte d'acier en mai 1939. En mars 1938, l'Allemagne contraint l'Autriche à l'annexion dans le cadre de l'*Anschluss*.

L'Allemagne, de plus en plus puissante et radicale, commence maintenant à inspirer plus de crainte au Royaume-Uni et à la France que l'Union soviétique, malgré sa *guerre par procuration* avec l'Axe dans la guerre civile espagnole. Staline s'est concentré sur ses problèmes internes et, craignant ses propres forces armées, il a largement exterminé son corps d'officiers. Les Britanniques et Français ont commencé à s'armer vigoureusement.

Comme ils disposaient déjà d'une vaste infrastructure militaire, d'une grande partie de l'artillerie encore utilisable de la guerre précédente et de la ceinture de forteresses modernes de la ligne Maginot, ils savaient qu'ils pouvaient affronter l'Allemagne à bref délai.

31

Lorsque Hitler a revendiqué les Sudètes germanophones à la Tchécoslovaquie à l'automne 1938, ils ont envisagé d'aller au combat.

La Tchécoslovaquie est bien armée et possède une solide ceinture de forteresses ; la France peut envahir la Rhénanie alors que le *Westwall* n'est pas encore achevé. Toutefois, le Premier ministre britannique Neville Chamberlain veut donner une autre chance à la *paix à notre époque* et autorise le traité de Munich à rattacher les Sudètes à l'Allemagne.

Cette politique d'apaisement échouerait. Elle a seulement appris à Hitler qu'il serait récompensé s'il ne tenait pas ses promesses. En mars 1939, Hitler oblige l'État croupion de Tchécoslovaquie à se diviser en deux : le Protectorat allemand de Bohême et de Moravie et la Première République slovaque, un État vassal.

La vaste industrie tchèque de l'équipement et de l'armement est tombée entre ses mains. Le Royaume-Uni et la France en ont eu assez et ont donné des garanties militaires à la Pologne. En réponse, les Polonais ont rejeté la demande d'Hitler de renoncer à leurs territoires germanophones et de devenir eux aussi un État vassal. Les dirigeants militaires allemands et de nombreux dirigeants nazis craignent la guerre car l'Allemagne est loin d'y être prête. Le 24 août, cependant, Hitler réussit à remporter une énorme victoire diplomatique.

L'Entente avait supposé que l'Union soviétique se retournerait de toute façon contre son ennemi idéologique, l'Allemagne nazie. Cependant, Hitler propose à Staline de partager l'Europe de l'Est entre eux en échange de la neutralité et de la fourniture de matières premières. Ils ont conclu le pacte Molotov-Ribbentrop. Hitler suppose désormais que les Britanniques et les Français s'abstiendront à nouveau de toute réponse militaire. Le 1er septembre à 5 heures, l'Allemagne envahit la Pologne. Le Royaume-Uni et la France ont annoncé qu'ils honoreraient leurs obligations conventionnelles envers la Pologne.

Le 2 septembre, le ministre italien des affaires étrangères, Galeazzo Ciano, propose une conférence des cinq États à San Remo, après un armistice. Le Royaume-Uni pose comme condition que l'Allemagne retire d'abord ses troupes de Pologne ; lorsque cela ne se concrétise pas, le Royaume-Uni se tourne vers l'Allemagne avec une

déclaration de guerre officielle dès le soir et la France
dans la nuit du 3 septembre, faisant de la Seconde Guerre
mondiale un fait irrévocable.

La guerre en Europe

L'invasion de la Pologne

Conformément au plan Fall Weiss, l'Allemagne envahit la Pologne le 1er septembre 1939. En tant que guerre d'agression, cette invasion contrevient au pacte Briand-Kellogg, également signé par l'Allemagne en 1928. La justification apparente a servi à l'incident de Gleiwitz. Les Français avaient promis à la Pologne d'ouvrir un front occidental en Allemagne avec 60 divisions mais se sont en fait limités à la faible offensive de la Sarre avec neuf divisions. Cela a permis aux Allemands de lancer une forte attaque principale de la Silésie vers Varsovie. Les Polonais y sont affaiblis car ils n'ont pas encore totalement mobilisé leur armée pour ne pas provoquer Hitler et ont concentré des forces importantes autour de Poznań pour une attaque surprise vers Berlin. Après plusieurs jours de combats intenses, le front polonais en face de la Silésie est rompu. Cependant, la force principale allemande qui avançait a ensuite été prise en embuscade sur le flanc gauche par l'armée polonaise à Posen. Ils ont réussi à s'en défaire et à la détruire, après quoi ils ont assiégé Varsovie. Pendant ce temps, les forces blindées allemandes avaient coupé le corridor de Danzig pour attaquer Varsovie par l'est via la Prusse orientale. Les tentatives de prise d'assaut de la ville échouent mais après un bombardement, la capitale capitule le 28 septembre. Les Allemands ont immédiatement commencé à assassiner systématiquement tous les intellectuels polonais.

L'Union soviétique envahit l'est de la Pologne le 17 septembre 1939 sous le prétexte de protéger les minorités biélorusses et ukrainiennes. Officiellement, le pays est resté neutre. Les combats en Pologne se terminent le 6 octobre 1939, mais l'armée et le gouvernement polonais des Carpates se détournent vers la France via la Roumanie, où ils reconstituent des unités de combat qui doivent à nouveau fuir en 1940, vers l'Angleterre.

La guerre du crépuscule

Après octobre, les Français ont mis fin à leur offensive. Après cela, il n'y a pratiquement plus eu de contacts de combat à la frontière franco-allemande. Les deux parties se sont abstenues de procéder à des bombardements stratégiques. Cette guerre crépusculaire, qui se poursuivra jusqu'en avril 1940, est appelée la *phony war* en anglais et la drôle *de guerre* en français ; la *Sitzkrieg* en allemand.

Cependant, le calme sur les fronts masque une activité fébrile dans la préparation des futures campagnes. L'Allemagne propose la paix mais les Alliés refusent d'accepter l'occupation de la Pologne. Ils espéraient épuiser leur ennemi par un blocus économique, comme lors de la Première Guerre mondiale. Cependant, l'approvisionnement soviétique rendrait cela difficile. Ils se sont donc tournés vers une véritable économie de guerre afin de constituer un excédent d'hommes et de matériel pour vaincre l'Allemagne. Le Royaume-Uni avait déjà introduit la conscription en avril 1939, et la France, qui avait peu de recrues en raison de son faible taux de natalité, les importait *en masse* d'Afrique du Nord. Pour les dizaines de milliers de chars et d'avions dont elle a besoin, elle veut s'assurer le concours du plus grand pays industriel du monde, les États-Unis d'Amérique. Les lois américaines sur la neutralité interdisent de fournir du matériel de guerre à un belligérant mais, le 5 novembre 1939, le président Franklin Delano Roosevelt introduit le système du *cash-and-carry* : les belligérants sont autorisés à acheter des armes s'ils peuvent les payer immédiatement et les transporter eux-mêmes. Cela favorise grandement l'Entente car l'Allemagne ne peut faire ni l'un ni l'autre. D'ailleurs, il n'y avait pas d'urgence. Ils s'attendaient à être prêts pour une attaque contre l'Allemagne au plus tôt à l'été 1941 et probablement pas avant 1942, lorsque le Royaume-Uni espérait disposer de cinquante-cinq divisions, toutes motorisées, la force de combat la plus moderne du monde.

Pour les hauts gradés de l'armée allemande, la perspective est sombre. Ils prévoient que l'Allemagne ne sera pas en mesure de suivre le rythme de l'armement. L'argent et les matières premières stratégiques viendraient à manquer cruellement. En mars 1940, les importations allemandes avaient diminué de 80 %. Le mieux que l'on puisse espérer est une nouvelle impasse, mais une guerre aussi longue épuiserait davantage le pays. Par conséquent, lorsque Hitler a ordonné une attaque sur l'Ouest avant même le mois d'octobre, on lui a rappelé que les munitions étaient épuisées pour le moment. Néanmoins, à court terme, l'équilibre des forces pencherait légèrement en faveur de l'Allemagne. L'attaque de la Pologne avait été rendue possible par une trentaine de divisions hautement professionnelles de l'armée permanente, soit quelque six cent mille hommes. En toute hâte, ils avaient alors commencé à former 1,1 million de recrues et 1,7 million de vétérans de la Première Guerre mondiale. Lorsque cette opération est achevée au printemps 1940, l'Allemagne dispose d'une importante force de combat qui lui permet d'améliorer sa position, peut-être en manœuvrant avant que l'accumulation des forces alliées ne rende son front intouchable. Le meilleur tacticien allemand, Heinz Guderian, et le meilleur stratège, Erich von Manstein, élaborent ensemble un plan audacieux à cette fin à l'automne 1939. L'armée devait avancer à travers les Ardennes, traverser la Meuse, puis effectuer une pénétration stratégique profonde avec des chars jusqu'à la Manche. Ce type d'attaque, auquel le nom de *Blitzkrieg sera* plus tard attaché, avait été beaucoup discuté dans les livres avant la guerre mais n'avait été accepté comme méthode par aucune armée en 1939. Le

39

plan est porté à l'attention d'Hitler, ce qui oblige le chef d'état-major Franz Halder à adopter au moins l'élément ardennais, bien que le mauvais réseau routier rende une telle avancée très risquée. Cependant, il n'y avait pas d'alternative, selon lui : sans un tel pari, ils perdraient de toute façon.

L'expansion soviétique

En 1939, l'Union soviétique avait remplacé Maksim Litvinov par Vyacheslav Molotov au poste de ministre des affaires étrangères, après quoi le pays semblait s'être engagé dans une voie anti-occidentale. L'Union soviétique a forcé l'Estonie, la Lettonie et la Lituanie à accepter des garnisons de l'Armée rouge en 1939.

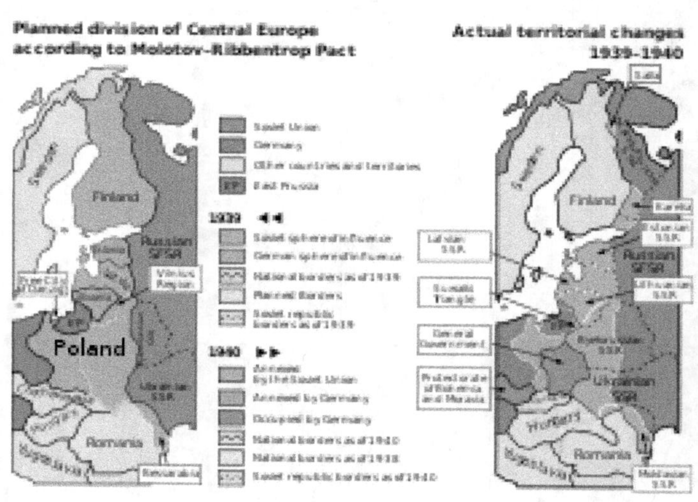

Il avait en fait été convenu en août 1939 que la Lituanie tomberait dans la sphère d'influence allemande - elle avait déjà dû céder le Memelland en mars 1939 - mais le pays fut échangé contre une bande de territoire polonais ajoutée au gouvernement général, le cœur polonais non annexé par la Grande Allemagne. La Lituanie a également reçu une bande de territoire polonais, avec la ville de Vilnius.

Staline souhaite que la Finlande annexe l'isthme de Carélie, proche de Leningrad, deuxième ville de l'URSS, en échange d'une bande de territoire finlandais en Carélie orientale. Le gouvernement finlandais refuse car sur l'isthme se trouve la ligne Mannerheim, essentielle à la défense finlandaise.

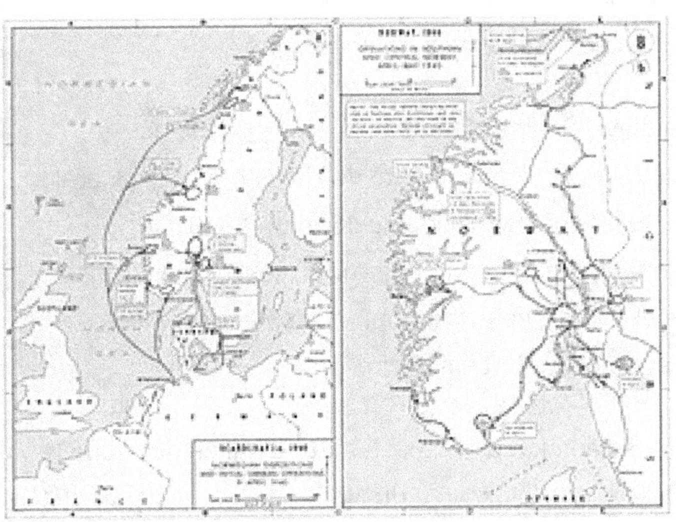

Le 30 novembre 1939, l'Armée rouge lance une offensive pour capturer la Finlande. Dans cette guerre d'hiver, cependant, ils se sont enlisés sur la ligne Mannerheim, tandis que les divisions blindées qui avançaient vers le nord sur des chemins forestiers glacés étaient écrasées par les Finlandais.

On a perdu deux mille chars et deux cent mille hommes contre vingt-cinq mille pour les Finlandais. Le cabinet français envisage maintenant de déclarer la guerre à l'Union soviétique et de venir en aide à ce brave petit pays. Dans le même temps, les anciens sentiments pro-finlandais se sont ravivés en Allemagne.

Par la suite, Staline n'a pas encore forcé la ligne Mannerheim et s'est contenté de l'isthme et de la Carélie orientale lors de l'armistice du 13 mars 1940. Cet événement a sérieusement terni le prestige de l'Armée rouge et a largement contribué à la sous-estimation allemande de sa force militaire.

L'Union soviétique a annexé les États baltes ainsi que la Bessarabie et la Bukovine du Nord en Roumanie en 1940, après la chute de la France. Des centaines de milliers de résidents de ces régions ont été déportés vers l'est.

Danemark et Norvège

La Norvège était importante pour la guerre allemande en tant que voie d'approvisionnement en minerai de fer suédois, représentant la moitié de la production allemande d'acier, et base potentielle de la flotte de la *Kriegsmarine*. Les Allemands préparent donc une invasion dès la fin de 1939, mais les Britanniques aussi, en partie dans le cadre d'une aide éventuelle à la Finlande.

À l'initiative d'Hitler, l'opération Weserübung, l'occupation de la Norvège, est préparée. Une invasion du Danemark a été ajoutée à la fin du mois de février. Le 3 avril 1940, les premiers navires de ravitaillement sont partis, et le 6 avril, la flotte de guerre allemande a fait route vers la Norvège. Parallèlement à l'invasion allemande, les Alliés avaient prévu une opération de pose de mines dans les eaux norvégiennes afin de bloquer la voie d'approvisionnement allemande en minerai de fer. Le 8 avril, les Britanniques posent des mines marines dans le Vestfjord au large de Narvik. Les Alliés veulent également effectuer des débarquements limités en Norvège pour protéger ces champs de mines. Cependant, l'invasion allemande a contrecarré ces plans.

Les Allemands débarquent à Oslo, Bergen, Trondheim, Kristiansand, Egersund et Narvik le 9 avril. L'atterrissage à Oslo a partiellement échoué. Le fort Oscarsborg a d'abord coulé le croiseur lourd *Blücher*, puis a fortement endommagé le cuirassé forteresse *Lützow*. Le débarquement à Narvik est réussi, mais les 10 et 13 avril, dix destroyers allemands sont abattus par des contre-attaques de la flotte britannique.Le 15 avril, les Britanniques effectuent des débarquements dans le centre de la Norvège à Namsos et Åndalsnes. Cependant, leurs forces expéditionnaires ont été vaincues par les Allemands. Des contre-attaques plus réussies ont eu lieu près de Narvik, le principal port de transit du minerai de fer. Les troupes françaises et britanniques ont repris le port. Lorsque la France est menacée, ils évacuent le corps expéditionnaire. Au cours de cette opération, le dirigeable *Glorious a été coulé par les* cuirassés *Scharnhorst* et *Gneisenau*. L'armée norvégienne capitule le 9 juin 1940. Le roi et le gouvernement ont fui en Angleterre. La flotte de surface allemande est durablement affaiblie par ces pertes.

Le 9 avril, les troupes allemandes franchissent la frontière danoise et envahissent Copenhague. Après deux heures de bataille, le gouvernement danois se rend avant même d'avoir eu le temps de déclarer la guerre à l'Allemagne. Officiellement, le Danemark reste donc un pays neutre non occupé, avec une petite garnison allemande, mais aussi son propre roi, son cabinet, son parlement et ses forces armées. Les Britanniques occupent les îles Féroé le 12 avril et l'Islande le 10 mai, qui est placée sous administration américaine en 1941. Le Groenland s'est également placé sous l'autorité des États-Unis plus tard en 1941, de sa propre initiative, avant même que les États-Unis ne deviennent partie à la guerre. En août 1943, le Danemark est toujours placé sous la domination militaire allemande. L'Islande a déclaré son indépendance en 1944.

La campagne occidentale de 1940

Le 10 mai 1940, la Wehrmacht allemande commence à mettre en œuvre le plan *Fall Gelb*, qui consiste à occuper les Pays-Bas, la Belgique et le Luxembourg afin de bombarder l'Angleterre depuis ces pays. Elle a également bloqué une route possible pour les offensives attendues de l'Entente.

Alors que les Alliés possèdent une supériorité numérique en hommes, en chars et en artillerie, ils souhaitent néanmoins remporter la victoire grâce à une stratégie astucieuse. On espérait utiliser une attaque de diversion du groupe d'armées B pour attirer les meilleures troupes britanniques et françaises vers le nord, puis les couper par les Ardennes.

Les défenses néerlandaises sont prises au dépourvu par des atterrissages aériens allemands de grande envergure. Bien qu'une attaque sur La Haye ait échoué, *9. La Panzerdivision* est entrée dans la Forteresse Holland. Les Heinkel He 111 effectuent le bombardement de Rotterdam le 14 mai et menacent de détruire Utrecht, après quoi le commandant en chef, le général Winkelman, rend ses troupes aux Pays-Bas en fin d'après-midi, à l'exception de la Zélande. Le mercredi matin 15 mai 1940, l'accord de capitulation militaire est signé. Le gouvernement, la reine Wilhelmina et la marine se sont enfuis en Angleterre.Le corps expéditionnaire britannique et les 7e et 1re armées françaises s'unissent à l'armée belge dans le centre de la Belgique. Pendant ce temps, le groupe d'armées A se déplaçait dans les Ardennes. Le 13 mai, des bombardements continus et massifs brisent le front principal français à Sedan et l'infanterie motorisée allemande traverse la Meuse.

Contrairement au plan de Halder, les généraux blindés allemands comme Guderian et Erwin Rommel quittent

maintenant les têtes de pont sans attendre de renforts et,
à la manière d'une *Blitzkrieg*, effectuent une pénétration
stratégique vers la Manche qui est atteinte le 20 mai.

Toutefois, un "ordre palliatif" d'Hitler, dépassé par le
succès, empêche la prise immédiate de Dunkerque, et
c'est par ce port que 330 000 soldats britanniques et
français parviennent à échapper à l'encerclement lors de
l'évacuation de Dunkerque jusqu'au 2 juin, laissant derrière
eux leur matériel lourd. Cependant, l'armée belge capitule
le 28 mai, mettant fin à la campagne des dix-huit jours.
Léopold III de Belgique reste dans le pays mais le
gouvernement est submergé.

Le succès allemand ayant été plus important que ce que l'on avait osé espérer, il est décidé de l'exploiter en défaisant immédiatement la France dans son ensemble, selon le plan *Fall Rot*. Une attaque sur la Somme commence le 5 juin, suivie le 9 juin par une offensive principale qui déchire le centre du front français. La tactique de pénétration stratégique est désormais adoptée par le commandement suprême allemand. Le 14 juin, Paris est déclaré ville ouverte et le 17 juin, les chars allemands atteignent la frontière suisse, encerclant la ligne Maginot. L'Italie déclare la guerre le 10 juin, se limitant à de faibles combats frontaliers.

L'Allemagne aurait pu facilement conquérir toute la France, mais Hitler était désireux de conclure un accord avec un gouvernement français pour éviter de poursuivre la guerre à partir des colonies et aussi pour attirer les Britanniques vers la paix. Le 22 juin 1940, la France signe un armistice par lequel elle cède l'Alsace-Lorraine et le pays est divisé en une zone d'occupation au nord et un État fantoche au sud-est, la France de Vichy, avec le maréchal Philippe Pétain, conservateur et nationaliste, à la tête de l'État. Cependant, le général Charles de Gaulle avait déjà annoncé le 18 juin qu'il poursuivrait la lutte en tant que

51

chef des Français libres ; ils n'avaient pour l'instant qu'un nombre minimal de partisans. À Rome, le 24 juin, la France cède une zone de 800 km² à l'Italie. Le 3 juillet, les Britanniques coulent une partie de la flotte française dans l'attaque de Mers-el-Kébir, craignant qu'elle ne tombe aux mains des Allemands.

La bataille d'Angleterre

Après la défaite française, Hitler attend en vain une offre de paix britannique. Le nouveau Premier ministre Winston Churchill, qui a succédé à Neville Chamberlain le 10 mai 1940, souhaite que la guerre se poursuive. Certes, les forces terrestres britanniques sont faibles pour le moment, mais la supériorité de la Royal Navy, la plus grande flotte du monde, rend une invasion allemande pratiquement impossible. Hitler et la marine allemande l'ont également reconnu. Espérant intimider les Britanniques, il ordonne néanmoins la préparation de l'opération Seelöwe, un débarquement, le 16 juillet 1940. La planification et les péniches de débarquement faisaient initialement défaut. Pour se donner un semblant de chance, la Luftwaffe, l'unité la mieux équipée des forces armées allemandes, tente d'obtenir la supériorité aérienne pendant près de deux mois en éliminant les aérodromes de la Royal Air Force dans le sud de l'Angleterre. En raison de l'augmentation rapide de la production d'avions britanniques et d'un nouveau réseau d'installations radar, cela s'est avéré très difficile. Les deux parties se sont épuisées.

Le bombardement accidentel d'un quartier résidentiel de Londres le 24 août 1940 a entraîné une attaque britannique de représailles sur Berlin. Hitler a ordonné un bombardement massif de Londres. À partir du 7 septembre 1940, on tente de briser la volonté de guerre des Britanniques en bombardant systématiquement la population civile par la terreur, mais cela s'avère être une erreur fatale. Les milliers de victimes et les dégâts causés à Londres et dans d'autres villes n'ont pas entamé le moral des troupes. L'Allemagne n'a pas de force de bombardement stratégique et est physiquement incapable de dévaster l'Angleterre. La RAF récupère ses aérodromes et inflige des pertes de plus en plus lourdes aux Allemands. *Seelöwe* a été retardé et finalement annulé. La Luftwaffe a perdu plus de 1 500 avions, chiffre qui passera à 3 132 à la fin du mois de mars 1941.

Pour Churchill, ce succès a été un grand coup de pouce. Elle a prouvé que les Allemands pouvaient être vaincus et a convaincu le peuple britannique de la nécessité et de la faisabilité de poursuivre le combat. Cette résistance héroïque a gagné la pleine sympathie de la population américaine et a permis à Roosevelt de mener plus facilement une politique pro-britannique.

La stratégie allemande et américaine

La chute de la France a été un choc pour le monde entier. Elle impliquait un bouleversement de la situation géostratégique. La France avait la réputation d'être la plus forte puissance terrestre du monde. Ce statut revient désormais à l'Allemagne, qui gagne en hégémonie sur le continent européen.

Les nazis y voyaient l'établissement d'un ordre nouveau. Les démocraties libérales "décadentes" ont pris fin. Les quatre grandes dictatures totalitaires pourraient se partager le monde, notamment l'Empire britannique : à l'Italie appartiendrait l'Afrique, à l'Union soviétique l'Inde et au Japon l'Asie du Sud-Est. Cependant, il ne s'agirait pas d'une alliance pacifique. La victoire a nourri la folie des grandeurs d'Hitler.

Il s'est imaginé que c'était dû à son génie en tant que général de campagne. Il commence à croire à sa propre propagande selon laquelle la *Wehrmacht* est une "machine de guerre invincible". Ne souhaitant pas rester dépendant des approvisionnements de Staline, il ordonne dès juin 1940 la préparation de la soumission de l'Union soviétique. Si le Royaume-Uni avait fait la paix, il aurait lancé une attaque à l'est en septembre.

Le peuple allemand est grandement soulagé par cette victoire rapide, avec seulement une fraction du nombre de morts de la Première Guerre mondiale. Hitler atteint le sommet de sa popularité.

Les gens s'attendaient également à en récolter les avantages économiques en termes de niveau de vie plus élevé. Des produits de luxe comme le café et le cacao, pillés en France et dans les Pays-Bas, sont devenus disponibles pendant une courte période. Cependant, la poursuite de la croissance de la prospérité n'était pas dans les cartes. Au contraire, en raison de la transition vers une économie de guerre, la production de biens de consommation a diminué.

Les rendements alimentaires ont chuté lorsque les usines d'engrais sont passées à la fabrication d'explosifs. Hitler tente d'atténuer la douleur en limitant la saisie des dépenses militaires sur le PNB à 38%, contre les 60% qui seront atteints en 1943. Cela a obligé à faire des choix clairs dans l'utilisation des capacités de production limitées. Un projet coûteux et incertain de développement d'une bombe atomique a été rejeté dès le début.

Dans une guerre sur deux fronts, Hitler veut vaincre simultanément le Royaume-Uni et l'URSS. Il espérait faire le premier en construisant des centaines de sous-marins. En outre, la puissance aérienne reste une saisie de 40% de la production d'armes.

La pénurie de minerai de fer et de main-d'œuvre a empêché la production des dizaines de milliers de chars qui, selon Guderian, étaient nécessaires pour une guerre potentiellement prolongée à l'est, en plus de cela. Les gens ont donc supposé avec optimisme que les nouvelles tactiques de *Blitzkrieg* garantissaient une victoire rapide sur l'Armée rouge.

Les Américains, eux aussi, ont été choqués. Pour la première fois, la population commence à considérer l'Allemagne nazie comme une menace sérieuse. Roosevelt en vient à penser que la participation des États-Unis à la guerre aux côtés du Royaume-Uni est inévitable. Cependant, il doit agir avec prudence car l'isolationnisme est encore très fort. Au début du mois de juin 1940, sur ordre présidentiel, il envoie de vieux stocks de canons et de munitions aux Britanniques. Le 2 septembre, il conclut avec Churchill l'*accord "Destroyers contre bases"* : en échange de 50 vieux destroyers, très utiles pour le service des convois, les bases britanniques de l'hémisphère occidental sont louées aux Américains. Le 16 septembre, les États-Unis ont introduit la conscription. Lorsque Roosevelt est réélu pour la deuxième fois en novembre, il peut agir plus ouvertement en faveur des Britanniques. Le 29 décembre, dans une émission de radio, il a qualifié les États-Unis d'"'arsenal de la démocratie" et a annoncé un programme de production massive d'armes. Recommandé comme un moyen d'amener les Britanniques à se battre à la place des Américains, il a en fait surtout servi à faire de la plus grande économie du monde une superpuissance militaire également. Le 11 mars 1941, la loi sur les prêts et les baux est entrée en vigueur. Cela a permis au gouvernement américain de louer gratuitement du matériel de guerre d'une valeur de 50 milliards de dollars à d'autres alliés pendant la guerre. Le 14 août 1941, le Royaume-Uni et les États-Unis concluent la Charte de l'Atlantique, qui expose leur vision de la situation d'après-guerre. Au cours de la seconde moitié de 1941, les navires de surface américains escortent les convois dans l'Atlantique Ouest et attaquent les sous-marins allemands.

La bataille de l'Atlantique

Les sous-marins allemands avaient déjà coulé le dirigeable britannique *Courageous* et le cuirassé *Royal Oak* en 1939. Le talon d'Achille du Royaume-Uni était le fait que 70 % de sa nourriture devait être importée. Un blocus efficace pourrait donc affamer la Grande-Bretagne. À partir de 1940, en utilisant les ports français et un nombre croissant de sous-marins, la *Kriegsmarine* tente de couler plus de navires marchands britanniques qu'il n'est possible d'en construire.

En 1941, ils perdaient déjà cette course en raison du système efficace de navigation en convois escortés. Après la déclaration de guerre aux États-Unis, l'objectif est devenu totalement impossible à atteindre malgré l'opération Paukenschlag visant à frapper les navires côtiers américains.

En mai 1943, le nombre de sous-marins allemands opérationnels culmine à 240. Les pertes alliées sont élevées mais diminuent rapidement avec l'introduction de systèmes de sonar et de radar pour détecter les sous-marins, les patrouilles aériennes à longue portée et le décryptage des codes Enigma pour chiffrer les communications militaires allemandes.

Bien que 3 500 navires marchands alliés aient finalement été coulés dans l'Atlantique, les Allemands ont perdu 783 sous-marins. Pour eux, leur énorme investissement dans l'armement sous-marin n'a pas eu d'impact positif notable sur le cours de la guerre.

Outre les sous-marins, l'Allemagne peut également traquer les navires marchands alliés avec de grands navires de surface, les *raiders*. Cependant, ils n'en ont pas eu beaucoup. Après avoir perdu le cuirassé *Bismarck* en mai 1941, ils ne s'aventurent plus à l'ouest des îles britanniques. Ils attaquent cependant les convois alliés

61

vers Mourmansk depuis les fjords norvégiens jusqu'en 1944.

Guerre aérienne

Contrairement à l'Allemagne, cependant, le Royaume-Uni produira en masse des bombardiers stratégiques quadrimoteurs à grande autonomie. A partir de février 1941, elle tente de frapper les centres de population et les industries allemandes avec ceux-ci.

Jusqu'en 1944, c'était la seule option pour attaquer directement l'Allemagne. Les bombardements ont eu peu d'effet au début, en partie à cause de la nécessité d'opérer uniquement la nuit pour des raisons de sécurité.

En 1942, les États-Unis ont rejoint la guerre aérienne. Le B-17 Flying Fortress, lourdement armé, permet aux Américains de voler même pendant la journée. En 1943,

63

les Alliés sont devenus si forts qu'ils peuvent commencer à détruire systématiquement toutes les villes allemandes. Cela oblige les Allemands à investir dans une large ceinture d'installations radar, de terrains d'aviation et de canons antiaériens, en France, dans les Pays-Bas et en Allemagne même. Cela a réduit les fournitures d'armes aux fronts.

En 1944, 20 % de la production allemande de munitions et 30 % des armes à tir direct fabriquées étaient destinées au secteur anti-aérien. Au début de 1944, le P-51 Mustang américain est devenu disponible, un chasseur à long rayon d'action capable d'escorter les bombardiers en Allemagne. Au milieu de l'année 1944, les Alliés ont conquis la France, perçant un trou dans la défense aérienne allemande et leur permettant d'utiliser des bases proches de l'Allemagne.

L'efficacité des bombardements en tapis est limitée. Elle n'a pas brisé le moral de la population civile et la production de l'industrie de guerre allemande a continué à augmenter chaque année. Ce n'est qu'au cours du second semestre de 1944 que la production industrielle allemande a fortement diminué.

La guerre aérienne a nécessité un énorme engagement d'hommes et de matériel des deux côtés. En 1944/1945, les Alliés ont utilisé la Grande-Bretagne comme base d'attaque pour une flotte aérienne de trente mille bombardiers et chasseurs, soit quinze fois plus que ce dont disposait la *Luftwaffe* à l'ouest à l'époque. Les pertes alliées sont élevées (40 000 avions), mais leur grande capacité de production compense. Les Allemands ont perdu un total de cinquante mille avions dans cette bataille. Les Alliés larguent un million et demi de tonnes de bombes sur l'Allemagne, tuant un demi-million de civils allemands.

L'Afrique et la Méditerranée

L'Italie, avec une armée faible et une capacité industrielle limitée, se lance dans une série d'aventures militaires où seule l'aide allemande permet d'éviter une défaite rapide. En août 1940, elle occupe le Somaliland britannique. Une contre-offensive britannique jusqu'en novembre 1941 entraîne la perte du Somaliland italien, de l'Érythrée et de l'Abyssinie.

Le 13 septembre 1940, deux cent mille hommes envahissent le royaume d'Égypte sous contrôle britannique depuis la Libye, menaçant le canal de Suez et les champs pétrolifères d'Irak et de Perse. Sur ce, les Britanniques ont capturé l'est de la Libye. La flotte italienne est en grande partie éliminée. L'Afrika Korps allemand dirigé par Erwin Rommel reprend la Cyrénaïque au début de 1941.

Après avoir perdu à nouveau la région à la fin de 1941, Rommel avança d'abord à Gazala, puis à El Alamein en 1942, à seulement 106 kilomètres à l'ouest d'Alexandrie. Il ne parvient plus à percer la position britannique à cet endroit.

Les Balkans

L'Albanie avait déjà été occupée par les Italiens en avril
1939. Mussolini, jaloux des succès allemands, déclenche
la guerre gréco-italienne le 28 octobre 1940.

L'offensive italienne s'enlisa et une contre-offensive
grecque après le 14 novembre 1940 projeta les Italiens
bien au-delà de la frontière albanaise. Dans un premier
temps, les Grecs refusent le soutien britannique, afin de ne
pas provoquer Hitler. Seule une petite base était autorisée
en Crète.

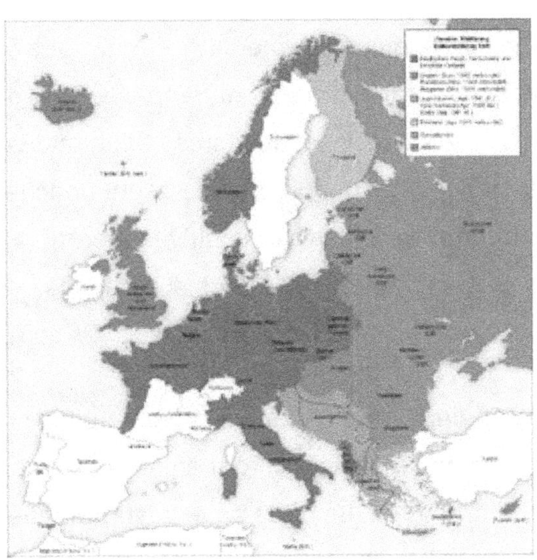

L'Allemagne commence à procéder à des modifications territoriales dans les Balkans.

La principale victime est la Roumanie, qui doit céder Zevenburgen à la Hongrie, la Bessarabie à l'Union soviétique et le sud de la Dobroedzja à la Bulgarie. La Hongrie, la Roumanie et la Bulgarie sont contraintes de rejoindre l'Axe. Après l'entrée des troupes allemandes en Bulgarie, les Grecs autorisent les troupes britanniques à débarquer sur leur territoire.

La Yougoslavie rejoint également l'Axe mais, le 27 mars 1941, un coup d'État se produit en réponse. Lors de l'invasion de la Yougoslavie, les forces allemandes, italiennes, hongroises et bulgares écrasent donc les défenses fragmentées des Yougoslaves à partir du 6 avril 1941. Au même moment, les forces allemandes envahissent la Grèce depuis la Bulgarie.

Les Grecs ne parviennent pas à renforcer suffisamment la ligne Metaxas et à la relier au front albanais, de sorte que la force gréco-britannique cède sous la suprématie allemande. Le 27 avril 1941, Athènes tombe. Le 20 mai, les parachutistes allemands effectuent un débarquement en Crète, qu'ils parviennent à prendre aux Britanniques après 10 jours de durs combats. La Yougoslavie et la Grèce sont divisées. La campagne a permis de retarder les préparatifs allemands pour l'invasion de l'Union soviétique.

Les puissances de l'Axe contrôlent apparemment les Balkans, mais elles doivent faire face à de féroces combats de partisans en Yougoslavie, en Albanie et en Grèce, que les Alliés occidentaux soutiennent en leur fournissant des armes et en engageant de nombreuses divisions. Les mouvements de résistance nationalistes et communistes se sont également battus entre eux, ce qui a conduit à la guerre civile grecque qui a duré jusqu'en 1949.

En Yougoslavie et en Albanie, les communistes étaient suffisamment forts pour chasser les Allemands de vastes régions plus ou moins par eux-mêmes, ce qui leur a permis de rester des francs-tireurs dans le bloc communiste d'après-guerre. Les Allemands se sont retirés de Grèce de leur propre chef à la fin de l'année 1944, lorsque l'avancée de l'Armée rouge a menacé de les isoler.

70

Le front oriental

La bataille du front oriental a été le conflit central en Europe entre 1941 et 1945, dans lequel les deux plus grandes puissances européennes ont largement déterminé l'issue de la guerre. Le national-socialisme voulait gagner le *Lebensraum* en exterminant les Juifs à l'est, en détruisant le communisme et, selon le *Generalplan Ost, en* soumettant de manière permanente une population slave épuisée à une couche supérieure de colonisateurs germaniques. Plus qu'une poursuite impérialiste de territoires ou de ressources, il s'agissait d'une lutte existentielle de vie ou de mort pour les deux États.

Le front oriental a subi le plus de pertes, parmi les civils et les soldats. Sur les 3 251 868 tués et disparus dans l'armée de campagne allemande jusqu'au 30 novembre 1944, date après laquelle il n'existe pas de données exactes, 2 416 784 sont tombés sur le front oriental. Cela reflète le déploiement relatif des hommes, des fournitures et des équipements.

Sur le front oriental, l'Allemagne est vaincue. Comme l'attrition sur les autres fronts était bien moindre, et que les forces aériennes, anti-aériennes ou navales prenaient un tiers des effectifs militaires disponibles, seule une minorité de la force totale de l'Allemagne se trouvait à l'Est à tout moment, d'ailleurs. Bien que les effectifs de la Wehrmacht aient atteint près de 10 millions de personnes en 1943, sa force sur le front oriental est tombée en dessous de trois millions, en partie parce que la plupart d'entre eux ont tout fait pour être déployés ailleurs. L'Armée rouge a enregistré la mort de 6 329 000 soldats.

Opération Barbarossa

Le 22 juin 1941, l'armée allemande est à l'apogée de sa puissance de combat. Une masse de 153 divisions se tient prête, à pleine puissance et entièrement approvisionnée, à envahir l'Union soviétique.

Plus de trois millions de soldats allemands, équipés de 3580 chars, 7184 canons et 2740 avions, entament l'opération Barbarossa, soutenus par les armées roumaine et finlandaise. L'armée rouge, beaucoup plus nombreuse et comptant près de six millions de soldats, 25 700 chars et 18 700 avions, était inférieure en termes d'expérience, de compétence, d'entraînement, de capacité de combat et de soutien logistique. Dans la première phase, les Soviétiques ont commis l'erreur d'essayer d'imiter la guerre de mouvement moderne allemande au lieu de s'enfoncer ou de se positionner en profondeur. En conséquence, leurs armées frontalières et leurs corps mécanisés sont encerclés et détruits en cinq semaines.

À la fin du mois de juillet, l'Allemagne semble avoir gagné la guerre contre l'Union soviétique - et avec elle la Seconde Guerre mondiale dans son ensemble. Les commandes d'armes pour l'armée ont été fortement réduites.

Le groupe d'armées nord allemand doit maintenant avancer vers Leningrad, le groupe d'armées sud doit atteindre les champs pétrolifères du Caucase et le groupe d'armées central doit capturer Moscou. Avant octobre, toute la zone située à l'ouest de la Volga doit être occupée avant que la boue automnale ne rende le réseau routier non pavé impraticable. Une résistance de quelque importance n'était plus attendue.

En fait, de grandes armées soviétiques se formaient à nouveau sur la ligne Luya - Smolensk - Kiev. Les gens avaient gravement sous-estimé la capacité de mobilisation de l'Armée rouge : elle allait appeler près de 30 millions de réservistes et de recrues jusqu'à la fin de la guerre.

Ce revers entraîne une crise au sein du commandement allemand. On commence à se rendre compte que la bataille ne durera pas quelques mois mais plusieurs années, alors que le pays n'est pas préparé à une guerre prolongée. L'armée allemande profite du mois d'août pour se réapprovisionner et établir une nouvelle stratégie.

En cela, une deuxième évolution menaçante se produit pour les Allemands : Hitler, bien qu'amateur total, commence à s'immiscer de plus en plus dans le commandement opérationnel. Il ordonne au groupe d'armées central de se tourner vers le sud pour rejoindre le groupe d'armées sud et détruire l'armée soviétique près de Kiev. Une fois les troupes de retour en position, l'offensive contre Moscou s'est arrêtée en octobre. Pendant les premières gelées, ils ont atteint la ligne Leningrad - Moscou - Rostov, mais les troupes mal approvisionnées ont ensuite été frappées par le froid russe, sans équipement d'hiver. La première véritable contre-offensive de l'Union soviétique en décembre et janvier 1942 fait reculer le groupe d'armées du centre de près de deux cents kilomètres.

Le 11 décembre, Hitler déclare la guerre aux États-Unis d'Amérique. En quatre mois, l'Allemagne est passée d'une position apparemment gagnée à une position géostratégique désastreuse.

Stalingrad

L'armée allemande sur le front oriental est définitivement affaiblie au cours de l'hiver 1941/1942. La production d'armes allemande n'augmente que progressivement et la force des chars n'atteindra plus jamais les trois mille. Cependant, l'industrie de l'armement de l'Union soviétique, bien plus importante, avait évacué Leningrad et Kharkov vers l'Oural et allait fabriquer vingt mille chars en 1942, des types supérieurs T-34 et KV-1. Les nouvelles armées soviétiques sont principalement postées devant Moscou. Cela a laissé le secteur sud moins bien occupé. En conséquence, Hitler ordonne de le percer avec une cinquantaine de divisions qui ont encore pu être renforcées. Il espérait ainsi s'emparer des champs pétrolifères du Caucase, gagnant à la fois du carburant et du temps pour développer l'industrie de guerre allemande. Les unités blindées allemandes atteignent le Don au cours de l'été 1942, puis se tournent vers le sud pour une marche lointaine vers Bakou, qui ne sera toutefois jamais atteinte. Ils ne peuvent plus remplir leur rôle de réserve blindée, tandis que les longs flancs de leur avance ne peuvent être couverts que par le déploiement d'armées italiennes, hongroises et roumaines inférieures.

La situation devient encore plus risquée lorsque Hitler ordonne de prendre Stalingrad sur la Volga, un centre important pour l'industrie de l'armement. La Sixième Armée sous les ordres de Friedrich Paulus, dans une vaine bataille de prestige, se laisse entraîner dans de sanglants combats urbains. Un mouvement en tenaille, à travers les armées roumaines de flanc, a encerclé un quart de million d'hommes de la sixième armée lors de l'opération Uranus en novembre 1942. Une tentative de désengagement par des troupes blindées rappelées à la hâte du Caucase échoue, et le 2 février 1943, les vestiges capitulent. Jamais auparavant une armée allemande entière n'avait été perdue. Les offensives soviétiques ultérieures ont également détruit les troupes hongroises et italiennes, après quoi la quasi-totalité de la zone située au-dessus du Caucase a dû être évacuée par les Allemands et les flèches blindées ont avancé de plusieurs centaines de kilomètres vers l'ouest.

La perte de prestige pour l'Allemagne était énorme. Joseph Goebbels déclare la "guerre totale", c'est-à-dire avec des charges encore plus lourdes pour la population allemande. La bataille a montré que l'Armée rouge a progressivement acquis la capacité opérationnelle de vaincre les unités allemandes mieux entraînées avec une supériorité numérique de troupes de moindre qualité.

El Alamein, *Torche* et Italie

Parallèlement à la bataille de Stalingrad, Bernard Montgomery, considérablement renforcé par du matériel américain, inflige une défaite dévastatrice à Rommel lors de la deuxième bataille d'El Alamein en novembre 1942. Le même mois, Britanniques et Américains débarquent en Algérie et au Maroc dans le cadre de l'opération Torch. Rommel avance vers l'ouest, en Tunisie, mais l'armée de l'Axe y est détruite en mai 1943, de sorte qu'elle est complètement chassée d'Afrique.

Les Alliés débarquent en Sicile le 10 juillet 1943, ce qui entraîne la chute et l'arrestation de Benito Mussolini le 25 juillet, après quoi le gouvernement de Pietro Badoglio négocie secrètement la paix. Le 3 septembre 1943, le détroit de Messine est franchi. L'Italie conclut un armistice le 8 septembre et se range du côté des Alliés le 13 octobre. Les Allemands occupent l'Italie selon *Fall Achse* depuis début août et rencontrent peu de résistance italienne. Quelque sept cent mille prisonniers de guerre italiens ont été emmenés comme esclaves de travail. Les unités blindées allemandes qui ont résisté à l'opération Avalanche, le débarquement à Salerne, le 9 septembre, se retirent et, avec des renforts, forment un solide front principal au sud de Rome. Les tentatives de le percer lors de la bataille de Monte Cassino ont échoué. Cependant, les Allemands se sont sentis obligés d'évacuer la Sardaigne et la Corse dès 1943. En janvier 1944, les Alliés tentent d'attaquer la ligne par l'arrière via le débarquement d'Anzio, mais même celui-ci reste une tête de pont isolée. Ce n'est qu'en mai 1944 que la ligne est brisée et que Rome est libérée le 4 juin 1944. Les Allemands bloquent ensuite une avancée vers le nord dans le *Gotenstellung* qui ne tombe pas avant avril 1945, après quoi les Allemands capitulent en Italie le 30 avril.

Le front italien s'empare d'une trentaine de divisions allemandes, ce qui affaiblit gravement le front oriental. Le 12 septembre 1943, Mussolini est libéré par un commando allemand et dirige alors la République sociale italienne, un État croupion dont le sud et le Tyrol du Sud sont annexés à l'Allemagne. L'ISR n'a fait qu'un effort de guerre mineur. Le 28 avril 1945, Mussolini est exécuté par des partisans.

Conférences de Casablanca et de Téhéran

La grande coalition qui s'était formée en 1941 entre le Royaume-Uni, l'URSS et les États-Unis avait du mal à parvenir à une stratégie commune. Il y a toujours la menace que les alliés occidentaux ou l'Union soviétique fassent une paix séparée avec l'Allemagne.

Une paix à l'Ouest mettrait fin aux principales livraisons d'armes des Alliés à l'Armée rouge, donnerait à Hitler un accès au pétrole et aux matières premières et libérerait des millions de soldats pour ce qui pourrait être une bataille victorieuse sur le front oriental. Inversement, sans un tel front oriental, la réussite des débarquements en Europe deviendrait extrêmement problématique et la libération de l'Europe occidentale douteuse.

Il y a également eu des points de discorde entre le Royaume-Uni et les États-Unis. Ils avaient déjà convenu le 27 mars 1941 de donner la priorité à la lutte en Europe sur celle contre le Japon.

En 1942, cependant, le Japon remporte des victoires importantes et Roosevelt souhaite une plus grande contribution britannique à la guerre en Asie et espère achever la victoire finale contre Hitler le plus rapidement possible afin que les forces américaines soient libérées pour combattre dans le Pacifique.

Il a parié sur l'ouverture d'un second front en 1943, ce que Staline a également fortement encouragé. Cependant, les Britanniques ne considèrent pas cette solution comme

81

réaliste. Churchill veut que le "ventre mou" de l'Europe soit attaqué, d'abord par un débarquement en Italie, puis par un débarquement dans les Balkans. Il avait toujours été un anti-communiste convaincu et espérait ainsi empêcher la domination soviétique en Europe de l'Est. Churchill n'est pas opposé à une paix séparée avec l'Allemagne, à condition que Hitler soit renversé.

En janvier 1943, à la conférence de Casablanca, les différences entre les Alliés occidentaux sont partiellement résolues. Ils commenceraient par conquérir la Tunisie et débarqueraient en Italie, puis en France et pas dans les Balkans.

Des efforts sont déployés pour réconcilier les Français libres de de Gaulle et les autorités françaises en Afrique du Nord afin que, très progressivement, la France retrouve le rôle de partenaire à part entière dans la guerre, ce qui est facilité par le fait que l'Allemagne a occupé la France après avoir *torché* Vichy. Roosevelt fait inclure dans la déclaration de Casablanca l'exigence d'une "capitulation inconditionnelle" des puissances de l'Axe, ce qui exclut virtuellement une paix séparée.

Staline n'avait pas été présent à Casablanca. En novembre 1943, il rencontre Churchill et Roosevelt à la conférence de Téhéran. Churchill y accepte un débarquement en France en mai 1944, la fin de ses plans dans les Balkans. Staline a promis une grande offensive d'été pour cette année-là. Churchill et Staline parviennent à un accord sur les nouvelles frontières de la Pologne. Il a également été convenu de diviser l'Allemagne. Roosevelt a suggéré la formation d'une Organisation des Nations Unies. Ce faisant, il a enthousiasmé Staline à l'idée de diviser le monde en deux blocs de puissance après la guerre, qui pourraient coexister pacifiquement.

Kursk et l'Ukraine

L'effondrement du front allemand en Ukraine fait comprendre à Hitler qu'il doit confier le commandement opérationnel du front oriental à un professionnel. Dans une brillante campagne menée en février et mars 1943, Von Manstein détruit les flèches blindées de l'Armée rouge et stabilise la situation en reprenant Kharkov. C'est la dernière grande victoire allemande de la guerre. En 1943, la production allemande de chars d'assaut augmente.

Guderian incite Hitler à s'en servir pour former une grande réserve blindée à l'est de quelque deux mille chars. Si un nombre égal pouvait être rassemblé à l'ouest, il y avait un bon espoir de repousser toute attaque alliée. Cela dépend de la création de divisions de grenadiers blindés équilibrées, dans lesquelles l'infanterie, équipée de half-tracks, travaille en étroite collaboration avec les chars et les bombardiers en piqué.

Hitler, cependant, donne la priorité à ses objectifs politiques. Craignant un coup d'État des généraux, il permet à la Waffen-SS de devenir une armée parallèle. Les effectifs qui y ont été consacrés auraient pu être utilisés de manière beaucoup plus efficace en renforçant les divisions régulières, structurellement en sous-effectif.

Les SS soulignent la valeur supposée d'une "volonté de conquête" fanatique national-socialiste par rapport au professionnalisme. Cette volonté devait également justifier l'ordre d'Hitler de toujours rester ferme, même lorsqu'une retraite était la seule option raisonnable.

Après Stalingrad, Hitler voulait dissiper l'impression que l'Allemagne avait déjà perdu la guerre. Pour ce faire, il était nécessaire de mener une grande offensive d'été, comme en 1941 et 1942. L'arc frontal près de Koursk a été choisi comme point de départ de cette opération. L'Allemagne avait développé une nouvelle génération de chars en réponse au T-34 : le Tiger I et le Panther. Ces types se sont avérés coûteux à produire et Hitler a reporté l'attaque jusqu'à ce qu'un plus grand nombre d'entre eux soit disponible. Cela a permis à l'Armée rouge de construire de larges ceintures de défense d'artillerie antichars à Koursk.

Lors de la bataille de Koursk en juillet 1943, cette dernière grande attaque des Allemands a échoué. Ils ont définitivement perdu l'initiative stratégique, mais aussi la possibilité d'organiser une défense efficace. Leur nombre de chars opérationnels tombe à un millier, insuffisant pour fermer leurs lignes faibles, occupées par des divisions d'infanterie en sous-effectif et toujours dépendantes du transport par chevaux, après une percée des armées de chars ennemies.

En septembre, l'armée allemande fuit vers le Dniepr. Il espérait construire un *Ostwall* sur le large cours d'eau derrière lequel il pourrait se retrancher. Le commandement soviétique a compris qu'il fallait empêcher cela à tout prix. L'Armée rouge traverse le fleuve et mène une série d'offensives jusqu'en avril 1944, date à laquelle un déploiement massif de troupes et de chars chasse les Allemands de l'ouest de l'Ukraine. Hitler interdit de faire venir des divisions blindées de France, de peur que cela ne fasse partie d'un plan visant à le renverser. Le seul espoir qui lui restait était de faire échouer l'"invasion". Son interdiction de battre en retraite a entraîné des pertes allemandes inutilement lourdes.

Débarquement en Normandie

Jusqu'à l'été 1944, les grandes armées et les réserves matérielles constituées par les Alliés occidentaux n'ont guère été déployées. Ils ne pouvaient devenir un facteur décisif qu'après avoir envahi l'Europe occidentale.

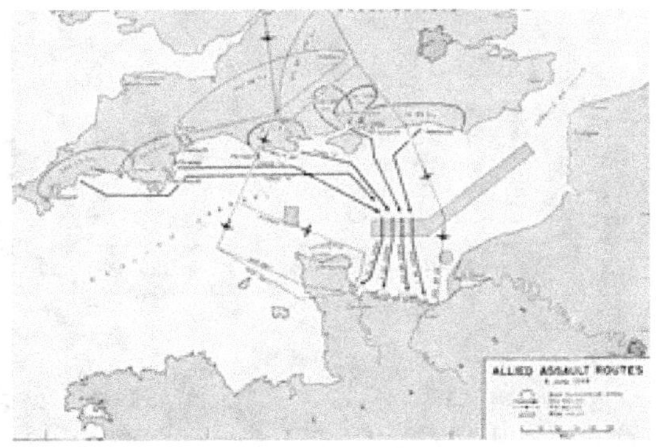

Il est essentiel pour la réussite de la défense de l'Allemagne qu'un tel débarquement échoue. Toutefois, en raison des pertes subies sur le front oriental, Hitler n'avait accumulé que la moitié des réserves de blindés nécessaires en France, malgré l'augmentation de la production de chars. La supériorité aérienne des Alliés rendrait difficile le déplacement de ces réserves. Rommel espérait pousser les forces de débarquement dans la mer dès les premières 24 heures, car la ligne de défense de la côte ouest, le *mur de l'Atlantique*, avait peu de profondeur. Cependant, personne n'a osé deviner où le débarquement aurait lieu exactement et les réserves ont été dispersées.

Le 6 juin 1944, *jour J*, commence l'opération Overlord, la plus grande opération amphibie et aéroportée combinée de l'histoire, avec plus de six mille navires, soutenus par douze mille avions, qui débarquent en cinq têtes de pont sur la côte de Normandie. Grâce à leurs stocks d'équipements, les Alliés gagnent la guerre d'usure contre les réserves allemandes qui arrivent lentement. Fin juillet

89

1944, les Américains déclenchent l'opération Cobra, qui englobe le front principal allemand par l'ouest. Hitler interdit toute retraite et les forces allemandes en Normandie sont largement détruites. Le 15 août, les Alliés débarquent dans le sud de la France, dans le cadre de l'opération Dragoon, et avancent rapidement vers le nord. Paris est libéré par les Français libres le 25 août 1944. L'armée allemande fuit vers le nord-est. Début septembre, la France et la Belgique sont en grande partie libérées.

Opération Bagration

Après le jour J, une partie importante des divisions blindées allemandes a été transférée de l'est vers la France. Le front oriental allemand est désormais très vulnérable. La perte de l'Ukraine occidentale avait étiré la ligne de front à quelque quatre mille kilomètres. Les réserves blindées restantes doivent être placées dans le sud de la Pologne pour empêcher l'Armée rouge d'avancer d'un seul coup vers la mer Baltique. Le groupe d'armées central, qui dispose encore de 70 chars, est attaqué lors de l'opération Bagration le 22 juin 1944 et pratiquement détruit en un mois. La Biélorussie est libérée et l'avancée finit par isoler le groupe d'armées Nord dans le Courland.

La Finlande a mis fin à toutes les opérations de guerre contre l'Union soviétique le 5 septembre. Le 20 août, l'Armée rouge ouvre une grande offensive contre la Roumanie. Deux armées allemandes y sont encerclées et détruites, après quoi le pays passe du côté des Alliés. Cela a privé l'Allemagne de sa seule source majeure de pétrole. Le 5 septembre, l'Union soviétique déclare la guerre à la Bulgarie, qui cesse immédiatement toute résistance. L'Armée rouge traverse les Carpates et avance jusqu'à Budapest.

Retard dans l'avance des alliés

Les catastrophes de l'été 1944 avaient causé des dommages irréparables à la Wehrmacht. En Normandie et sur le front oriental, 130 divisions avaient été détruites ou isolées. On ne pouvait fermer les fronts qu'en y déployant des recrues à peine formées, ce qui réduisait fortement la qualité des unités de combat.

C'est d'autant plus grave que les armées des Alliés occidentaux sont constituées de divisions d'élite : entièrement motorisées et amplement équipées de véhicules blindés. Pourtant, cela n'a pas conduit à l'effondrement instantané de l'Allemagne nazie. L'avance des Alliés s'est arrêtée et n'a repris qu'au début de 1945.

Cela s'explique en partie par les mesures d'urgence désespérées prises par le régime. Après l'assassinat d'Hitler, une atmosphère paranoïaque de terreur a prévalu et tout signe perçu de résistance ou de mauvaise volonté pouvait être puni de mort.

Les femmes sont soumises à une obligation de travail prolongée et tout homme ou garçon capable de porter une arme est enrôlé dans le *Volkssturm*. La principale raison de ce retard réside toutefois dans d'importants problèmes logistiques : après les combats intenses, les troupes alliées devaient être réapprovisionnées et, en raison de l'importance du terrain gagné sur des lignes d'approvisionnement plus longues, à l'ouest, depuis la Normandie.

Le 17 septembre, dans l'opération Market Garden, les Britanniques et les Américains tentent néanmoins d'exploiter rapidement la faiblesse allemande. Les débarquements aéroportés devaient prendre les ponts sur les principaux fleuves néerlandais pour contourner le mur occidental par le pont du Rhin à Arnhem et pousser jusqu'à la Ruhr. Cette opération échoue et seule la bataille sanglante de l'Escaut permet aux Alliés de libérer la route maritime vers le port vital d'Anvers à l'automne. En décembre 1944, Hitler engage sa dernière réserve de blindés dans l'offensive des Ardennes pour reprendre Anvers, ce qui retarde de six semaines seulement la nouvelle attaque des Alliés. La propagande allemande sur la *Wunderwaffen* laissait entendre qu'un ultime effort pourrait permettre de gagner du temps pour le déploiement des armes atomiques, mais en fait, le V1, une "bombe volante", et le missile balistique V2 ne pouvaient être équipés que d'ogives conventionnelles qui ont fait plusieurs milliers de victimes civiles, notamment à Londres et à Anvers.

1945

Janvier 1945, l'Armée rouge ouvre l'offensive Wisła-Oder avec la plus grande concentration d'hommes et de matériel de la guerre. Hitler ayant dilapidé sa réserve de blindés dans l'offensive des Ardennes, l'attaque ne peut être absorbée et l'armée allemande en Pologne est écrasée, les Soviétiques progressant jusqu'à Berlin.

La bataille se prolonge car, craignant des attaques de flanc, ils ont d'abord purgé la Silésie, la Prusse orientale et la Poméranie en mars. Hitler, pendant ce temps, a ordonné quelques attaques infructueuses en Hongrie. Celles-ci n'ont fait que conduire à l'épuisement de ses troupes. Vienne est rapidement prise et les politiciens y proclament à nouveau une Autriche indépendante. En avril 1945, un mouvement en tenaille encercle la capitale allemande lors de la bataille de Berlin.

En février 1945, les Britanniques et les Américains s'emparent de la Rhénanie. Le Rhin ne s'est pas révélé être un obstacle insurmontable par la suite.

Le 7 mars 1945, les Américains s'emparent du pont de Ludendorff près de Remagen, et le 24 mars, les troupes alliées traversent le Rhin à Wesel dans le cadre de l'opération Plunder, le dernier grand débarquement aéroporté de la guerre. Les défenses allemandes à l'ouest s'effondrent en réponse. La Wehrmacht a annoncé son intention d'épargner de cette manière le plus grand nombre possible de civils de la vengeance de l'Armée rouge.

Aux Pays-Bas, cependant, les officiers SS néerlandais continuent de défendre la Hollande et Utrecht, ce qui exacerbe l'hiver de la faim. Hitler a émis les "décrets Néron" pour détruire le pays afin de priver le peuple allemand inférieur de toute possibilité d'existence après la
97

guerre, mais ils n'ont pas pu être appliqués à grande échelle. Américains et Russes se serrent la main à Torgau sur l'Elbe le 25 avril 1945. Hitler, réalisant que tout est perdu, se suicide dans son bunker berlinois encerclé le 30 avril 1945. Le 1er mai 1945, la radio allemande annonce que le Führer est mort à la tête de ses troupes défendant Berlin. Avec ce dernier mensonge, l'Allemagne nazie est tombée. Les troupes aux Pays-Bas se rendent le 5 mai. La capitulation générale est signée par les représentants du gouvernement de Karl Dönitz le 7/9 mai 1945.

Après que les pays d'Amérique centrale et le Brésil les aient déjà précédés, au début de 1945, la plupart des pays d'Amérique du Sud déclarent également la guerre à l'Allemagne, ainsi que la Turquie. La participation à la guerre était initialement une condition pour devenir membre des Nations unies, qui ont été créées en avril. Lors de la conférence de Yalta, du 7 au 11 février 1945, au cours de laquelle Roosevelt, Churchill et Staline ont conclu de nombreux accords formels et informels sur la situation d'après-guerre, l'Union soviétique avait accepté de participer aux Nations unies, avec des sièges séparés pour le Belarus et l'Ukraine.

Comparaison économique

Le déroulement de la guerre dépendait de manière complexe de la production relative d'armes. L'Allemagne était déjà en retard sur les Alliés dans ce domaine au début de la guerre. Elle n'a réussi à obtenir des succès que grâce à sa supériorité tactique.

Le déséquilibre est le plus important en 1942. En peu de temps, les États-Unis ont créé un complexe militaro-industriel qui produit deux fois plus que les puissances de l'Axe réunies. Les grandes entreprises industrielles ont reçu la liberté de réguler l'économie en étroite collaboration. La production industrielle totale y a augmenté d'un quart par an, pour plus que doubler à la fin de la guerre.

L'économie planifiée soviétique a permis une croissance similaire de l'industrie de l'armement en 1942, mais au détriment du reste de la consommation. Toutefois, en raison de la situation stratégique, l'Allemagne parvient à se maintenir en 1942 et 1943. En 1944, l'Allemagne avait largement rattrapé son retard. Cependant, elle ne peut constituer de réserves en raison d'erreurs stratégiques, tandis que les forces allemandes sont handicapées par des pénuries de carburant. Le jour J a amené les armées américaines sur le champ de bataille et l'avantage tactique de l'Allemagne est tombé, ce qui a scellé sa défaite.

En 1942, Hitler et ses alliés en Europe contrôlent une zone, le *Großraum*, qui compte plus d'habitants que l'Union soviétique et les États-Unis réunis et dont la production économique est égale à celle des Américains. Cependant, ce potentiel a été mal exploité et, dans l'ensemble, il n'a guère progressé non plus.

En négligeant auparavant les chemins de fer, les Allemands ont été contraints de piller les locomotives d'autres pays, réduisant ainsi fortement la capacité de transport des territoires occupés. La production stagnante de charbon, de loin la plus importante source d'énergie, ne pouvait donc plus être distribuée efficacement. La plupart des alliés étaient techniquement et socialement sous-développés et leurs populations ne pouvaient pas être facilement utilisées pour l'effort de guerre allemand.

Les Pays-Bas et la France ont encore apporté une contribution assez importante en 1941, mais une grande partie de leur main-d'œuvre a ensuite dû effectuer des travaux forcés en Allemagne afin que davantage d'Allemands puissent s'engager, un système inefficace. L'emploi massif de prisonniers de guerre, de travailleurs forcés et de Juifs a détruit encore plus de main-d'œuvre. L'Allemagne n'avait pas de véritable économie planifiée.

À mesure que le NSDAP s'empare de la société, les ministères perdent leur pouvoir de facto et la fonction publique devient inefficace. Le parti lui-même se désintègre en factions belligérantes, qui se disputent toutes les faveurs d'Hitler. Les industriels se sont joints à eux et ont essayé de dégager de l'argent et des ressources avec des conceptions spectaculaires, mais peu pratiques.

101

La production agricole s'essoufflait et tout le continent était en équilibre au bord de la famine en cas de mauvaises récoltes. Avant même l'invasion de l'Union soviétique, Herbert Backe avait calculé que seule l'affamement de la population urbaine de ce pays pourrait fournir un excédent alimentaire à l'Allemagne.

Cependant, ce *plan de lutte contre la faim* n'a pas pu être mis en œuvre de manière systématique et la région n'a même pas pu nourrir les forces d'occupation allemandes. Globalement, les territoires occupés ont coûté à l'Allemagne plus qu'ils ne lui ont rapporté.

La production relative de chars de l'Allemagne et de l'Union soviétique peut servir d'exemple d'évolution.

L'Allemagne a produit de nombreux avions, mais la production des puissances de l'Axe était bien inférieure à la production totale d'avions des Alliés.

La guerre en Asie

Le Japon dans la première moitié du 20e siècle

Le Japon s'est radicalement modernisé pendant la période Meiji, dans la seconde moitié du XIXe siècle. Cependant, la nouvelle superpuissance industrielle manquait de ressources naturelles. Entre 1859 et 1942, le Japon a mené une politique impérialiste visant à s'assurer un approvisionnement en matières premières et en nourriture par la conquête et le contrôle des pays voisins. À cette fin, elle a créé une armée puissante et l'une des plus grandes marines du monde.

Les victoires de la première guerre sino-japonaise (1894-1895) et de la guerre russo-japonaise (1904-1905) ont permis aux Japonais de contrôler Taïwan au sud, la Corée et la Mandchourie à l'ouest et le sud de Sakhaline au nord. En 1919, le Japon prend le contrôle du vaste territoire du mandat du Pacifique Sud. L'introduction en 1925 du suffrage universel a provoqué une réaction conservatrice qui a sapé de plus en plus la démocratie parlementaire.

L'élan impérialiste japonais a été relancé par la Grande Dépression après 1929. Les militaires ont commencé à déterminer de plus en plus la politique étrangère. Entre 1932 et 1936, le pays est dirigé par des amiraux. Après le coup d'État manqué du 26 février 1936 au Japon, l'armée a imposé que le ministre de la guerre soit toujours un général en activité. Par la suite, le pays a effectivement été soumis à une dictature militaire.

La deuxième guerre sino-japonaise

Avec la guerre de protection nationale de 1915, l'autorité centrale de la Chine a perdu son pouvoir au profit des seigneurs de guerre régionaux. Le Japon gagne ainsi en influence et contraint le faible gouvernement chinois à conclure des "traités inégaux". Les traités étaient mal appliqués : un gouvernement faible ne pouvait pas les faire respecter et un gouvernement fort n'y avait aucun intérêt.

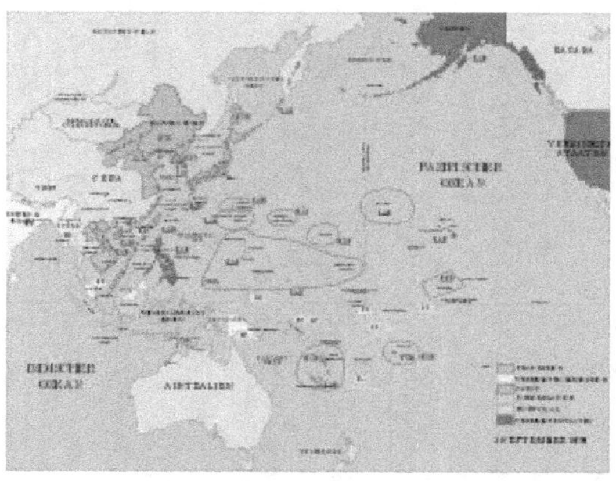

Après avoir placé sous son contrôle les seigneurs de la guerre du sud et du centre de la Chine, Chiang Kai-shek, le chef du Kwomintang, a mené l'expédition du Nord en

105

1927 et 1928 contre les patrons des seigneurs de la guerre du Nord à Pékin. Lorsque Zhang Xueliang, le seigneur de guerre qui contrôlait la Mandchourie, a déclaré son allégeance à Chiang, les Japonais sont intervenus. Ils ont créé un État satellite, le Mandchoukwo, en 1931, sous le règne du dernier empereur chinois Pu Yi. Le Japon se retire de la Société des Nations, qui condamne cette action. Chiang attaque jusqu'en 1936, avec l'aide des Allemands, principalement les communistes qu'il a expulsés du sud de la Chine. Le Japon a commencé à contrôler les seigneurs de la guerre dans le nord.

Fin 1936, Chiang est enlevé par Zhang Xueliang, l'incident de Xi'an, et contraint de s'allier aux communistes contre les Japonais. Des officiers de l'armée du Kwantung ont donc provoqué l'incident du pont Marco Polo le 7 juillet 1937, à l'insu du commandement suprême japonais, comme prétexte pour occuper le nord-est de la Chine.

Dans la perspective asiatique, cette deuxième guerre sino-japonaise est considérée comme le début de la Seconde Guerre mondiale. Chiang continue de s'opposer avec véhémence à l'invasion. Le Japon a attaqué sa capitale à la fin de 1937, ce qui a entraîné le massacre de Nankin, avec trois cent mille victimes civiles. Des millions de paysans sont morts dans la terreur, les inondations et la famine. Le Japon ne parvient pas à vaincre la Chine ni à exploiter de manière rentable les territoires occupés.

La route vers Pearl Harbor

En 1938, une guerre frontalière se développe entre le Japon et l'Union soviétique, qui occupe le Xinjiang et soutient son État satellite communiste, la Mongolie. En août 1939, le général Joukov remporte une victoire décisive sur les Japonais lors de la bataille de Halhin Gol, après quoi le Japon abandonne sa quête d'expansion territoriale vers le nord. L'influence politique du groupe d'assaut nord, représentant de l'armée japonaise, diminue au profit du groupe d'assaut sud, le favori de la marine japonaise. Lorsque l'Allemagne envahit l'Union soviétique, le Japon reste neutre, considérant qu'une bonne relation avec Staline constitue un soutien pour une attaque du sud.

En 1940, le Japon signe le Pacte des Trois Puissances, un traité d'assistance, avec l'Allemagne et l'Italie. Après la conquête des Pays-Bas et de la France par l'Allemagne, les États-Unis craignent que le Japon n'en profite pour s'emparer des colonies occidentales en Asie du Sud-Est. En septembre 1940, Vichy-France est en effet contraint de mettre le nord de l'Indochine sous contrôle japonais. En guise de punition, les États-Unis, le Royaume-Uni et le gouvernement néerlandais en exil, qui contrôlait encore les ressources pétrolières des Indes orientales néerlandaises, ont institué un boycott du pétrole et de l'acier contre le Japon. Les forces militaires japonaises dirigées par l'amiral Isoroku Yamamoto commencent donc à préparer une campagne visant à chasser les États-Unis du Pacifique. Juillet 1941 occupe également le sud de l'Indochine.

Contrairement aux Allemands, le commandement militaire du Japon, le gouvernement et l'empereur se sont très bien rendu compte qu'une telle bataille serait finalement futile. Malgré une base industrielle solide, une guerre d'usure contre la plus grande économie du monde était vouée à être perdue.

Ne rien faire n'était pas une option car le pays s'effondrerait alors économiquement et militairement à cause du boycott, faute de matières premières et de pétrole, dont il importait 90%. Se conformer aux exigences américaines entraînerait sans aucun doute de nouvelles pressions diplomatiques en faveur d'un retrait de la Chine.

Une telle perte de face ne serait pas compatible avec l'honneur de l'armée. Ils ont plutôt accepté le risque élevé d'une défaite militaire héroïque, se consolant avec l'infime chance d'acquérir une base économique par la conquête des champs pétrolifères de l'Asie du Sud-Est, y compris les Indes orientales néerlandaises, qui obligerait les États-Unis à s'installer après une attaque dévastatrice sur Pearl Harbour.

L'offensive japonaise

En 1941, le Japon possédait la plus grande flotte de
navires à camps volants au monde. Ceux-ci effectuent une
attaque surprise sur Pearl Harbour dans l'archipel d'Hawaï
le 7 décembre 1941. La flotte de combat américaine a été
en grande partie éliminée, mais les trois navires du camp
d'entraînement ont survécu parce qu'ils se trouvaient être
en exercice.

Au même moment, les attaques contre la colonie
britannique de Malacca et la colonie américaine des
Philippines commencent. Le 11 décembre, Hitler déclare la

111

guerre aux États-Unis, espérant qu'ils seront occupés par les Japonais pour le moment.

Après une brève invasion, la Thaïlande cesse toute résistance et se range du côté des Japonais en janvier 1942. Le cuirassé britannique *Prince of Wales* et le croiseur de bataille *Repulse* sont coulés par des bombardiers au large des côtes de Malacca le 10 décembre. Les Alliés sont désormais à court de cuirassés sur ce champ de bataille.

Les garnisons coloniales alliées, relativement petites, ont mené une défense passive et ont été laminées pièce par pièce. Hong Kong tombe le 25 décembre 1941. Les Japonais débarquent sur la côte est de Malacca et attaquent la grande base navale britannique par la terre lors de la bataille de Singapour.

Le 15 février 1942, les 130 000 soldats britanniques, indiens et australiens se rendent. Les bases américaines de Guam et Wake ont été perdues. Les invasions japonaises de la Birmanie, des îles Salomon, des Indes orientales néerlandaises et de la Nouvelle-Guinée suivent en janvier. Manille, Kuala Lumpur et Rabaul sont capturés par le Japon. La garnison américaine aux Philippines se replie sur la péninsule de Bataan mais doit se rendre en avril. Bali et Timor tombent en février 1942 ; Rangoon et Java en mars. Une tentative des croiseurs légers alliés d'arrêter la flotte de débarquement japonaise échoue lors de la bataille de la mer de Java.

Mandalay a suivi au début du mois de mai. L'armée de l'air japonaise finit par contrôler complètement l'espace aérien et effectue des raids de bombardement sur le nord de l'Australie. Le raid Doolittle d'avril 1942, au cours duquel les Américains ont bombardé Tokyo, n'était qu'un acte symbolique.

Le vent tourne

Après avoir atteint leurs objectifs de guerre initiaux, les Japonais hésitent à poursuivre leur stratégie. Les navires du camp aérien étaient devenus le facteur décisif de la guerre navale. Avant que leur programme de construction ne donne l'avantage aux Américains, les Japonais veulent conquérir le plus de territoires possible. Ils ont d'abord fait une incursion à l'ouest. Le 5 avril 1942, cinq navires du camp aérien attaquent Colombo.

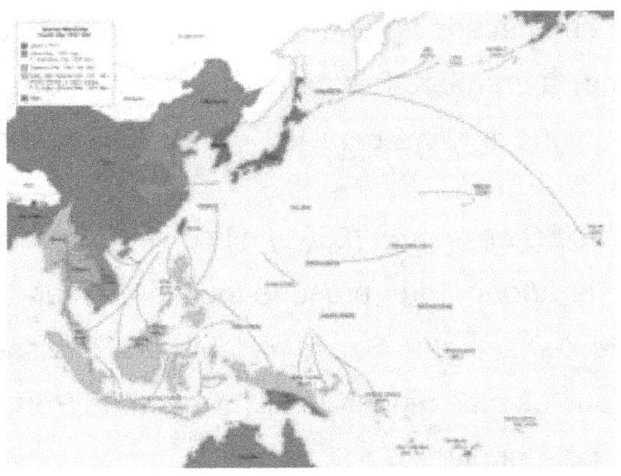

La flotte britannique se retire de Ceylan mais le 9 avril, le dirigeable *HMS Hermes* est coulé. Le Japon s'est toutefois abstenu de tenter d'entrer en contact avec les puissances de l'Axe au Moyen-Orient. L'attention s'est déplacée vers le sud. La conquête de l'Australie et de la Nouvelle-Zélande affaiblirait l'empire britannique, priverait les Alliés d'une base de contre-attaque et romprait leurs liens est-ouest.

Cependant, la marine japonaise ne se rend pas compte que les Américains ont cassé ses codes. Alors qu'ils soutenaient un assaut amphibie préliminaire sur Port Moresby, dans l'est de la Nouvelle-Guinée, en mai 1942, pendant la bataille de la mer de Corail, ils sont tombés dans une embuscade tendue par deux porte-avions américains, la première fois dans l'histoire que des *flottes de porte-avions* ont livré bataille.

Bien que l'*USS Lexington (CV-2)* ait coulé, les Japonais ont perdu le *Shoho*. Pire, presque tous les pilotes ont été tués sur le *Zuikaku* et le *Shokaku*, leurs deux vaisseaux de camp volant les plus modernes. L'invasion de Port Moresby a été annulée.

Au début du mois de juin, les quatre grands navires du camp volant restants attaquent Midway, prélude à une conquête de l'ensemble de l'archipel d'Hawaï, suivie d'une

destruction des quais de Californie et des écluses du canal
de Panama pour empêcher un renforcement de la flotte
américaine dans le Pacifique.

Une fois de plus, ils sont tombés dans une embuscade.
Les bombardiers en piqué de trois navires du camp
d'aviation américain, l'USS *Yorktown*, l'USS *Enterprise* et
l'USS *Hornet*, ont plongé le *Kaga*, l'*Akagi*, le *Soryu* et le
Hiryu les 4 et 5 juin.

Cette bataille de Midway, malgré la perte du *Yorktown*, a
été le tournant de la guerre en Asie. Il faudrait au Japon
près de trois ans pour remplacer les quatre navires coulés.

Au cours de la même période, les chantiers navals américains ont lancé seize grands navires de camp de vol, en plus de neuf navires de camp de vol légers et, pour leur propre marine, cinquante-quatre *transporteurs d'escorte*.

Guadalcanal et la *visite des îles*

Ni le Japon ni les États-Unis ne sont capables de mener des offensives majeures à la mi-1942. La marine impériale continue de tenter d'avancer vers l'Australie. Une attaque terrestre du nord vers Port Moresby est bloquée par les Australiens le long de la *piste de Kokoda*. En août 1942, un débarquement japonais échoue pour la première fois, lors de la bataille de Milne Bay.

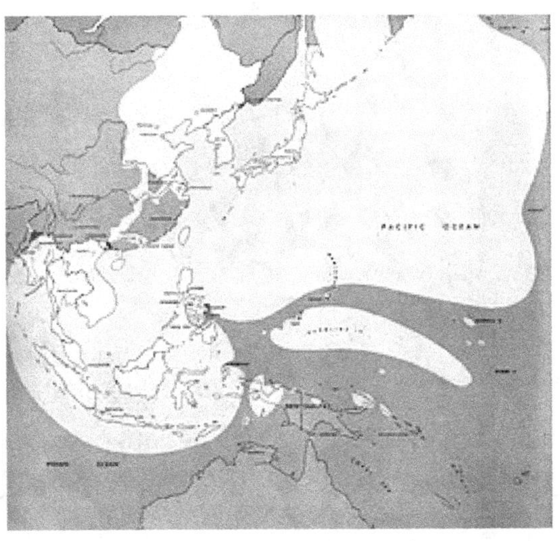

Le même mois, les Américains et les Japonais débarquent à Guadalcanal, l'une des îles Salomon. C'est le début de la bataille de Guadalcanal, qui dure six mois et fait partie de la bataille des îles Salomon. Lors de nombreuses actions de flotte, les Japonais perdent progressivement du terrain malgré le sacrifice de nombreux navires et hommes. En 1943, les Américains et les Australiens établissent les têtes de pont Buna et Gona sur la côte nord-est de la Nouvelle-Guinée.

Les Américains ont pu mettre en place une stratégie agressive en 1943 après avoir rapidement converti les croiseurs en navires légers de camp volant. Pour vaincre le Japon, il n'était pas nécessaire de reconquérir toute l'Asie du Sud-Est. Il suffirait de prendre le nord des Philippines pour briser la ligne d'approvisionnement en pétrole de Sumatra.

119

Cette attaque de l'est devait se dérouler sur deux axes. Douglas MacArthur devait avancer vers l'ouest à travers la zone de la Nouvelle-Guinée avec un axe sud.

En tant qu'axe nord, l'amiral Chester Nimitz veut s'emparer rapidement d'îles stratégiques dans une campagne de *saut d'île* ou de *leapfrogging*, en passant devant de puissantes garnisons japonaises et en les isolant, afin de prendre le contrôle des archipels au sud du Japon.

Les Japonais dirigent des troupes supplémentaires pour boucler ces offensives dans le cadre d'une "stratégie de blocus", espérant ainsi gagner au moins six mois pour renforcer leur flotte, leur force aérienne et leurs garnisons.

L'assaut du sud commence en juin 1943 par une prise sanglante de la Nouvelle-Géorgie. Cette opération est suivie en août d'un débarquement sur Bougainville, qui ne sera pas entièrement prise avant 1945. Face à la résistance acharnée des Japonais, McArthur décide lui aussi de jouer à saute-mouton et passe la force principale japonaise à Rabaul, en Nouvelle-Bretagne. Au printemps 1944, il avait étendu son contrôle sur toute la côte nord de

120

la Nouvelle-Guinée, prenant des positions jusqu'à trois mille kilomètres à l'ouest de Guadalcanal.

Novembre 1943 marque le début de l'attaque du nord avec des débarquements dans les îles Gilberts. Après de durs combats, Tarawa est prise. En hiver 1944, ils pénètrent dans les îles Marshall, capturant assez rapidement Majuro, Kwajalein et Eniwetok.

La reconquête des Philippines

À la fin du printemps 1944, les deux camps se préparent à la *Kantai Kessen*, la "bataille navale décisive". Les deux années de préparation avaient été mal utilisées par les Japonais. Il n'y a pas eu de capacité industrielle pour produire une nouvelle génération de chars, de sorte que les véhicules blindés japonais sont désormais loin derrière les États-Unis en termes de blindage et de puissance de feu. La poignée de nouveaux navires du camp de vol est éclipsée par la *Big Blue Fleet* américaine. L'un d'eux n'avait pas réussi à former un nombre suffisant de pilotes de marine, car le premier lot avait été envoyé à la garnison de Rabaul. Les sous-marins américains coulent tellement de navires marchands que l'approvisionnement en matières premières et en pétrole est fortement réduit. C'est pourquoi, à partir d'avril 1944, ils mènent l'opération Ichi-Go, la plus grande offensive de l'armée japonaise pendant la guerre, en traversant la Chine du Sud pour établir une liaison terrestre avec l'Indochine. Le printemps voit également la première tentative sérieuse d'invasion de l'Inde à partir de la Birmanie, dans le cadre de l'opération U-Go. Elle est repoussée et les Britanniques, les Indiens et les Chinois reprennent progressivement la Birmanie en 1944 et 1945.

Juin 1944, la Cinquième Flotte américaine attaque les îles Mariannes avec sept grands navires-camps volants. Le 15 juin, ils ont débarqué à Saipan. La marine impériale se dirigeait alors vers l'est avec cinq grands navires de type "camp volant", et entrait dans la bataille de la mer des Philippines les 19 et 20 juin, la plus grande bataille navale jamais livrée entre *flottes de porte-avions*. Cela s'est avéré être une amère déception. Pas un seul porte-avions américain n'a été touché. Plus de quatre cents des pilotes de la marine japonaise ont été abattus. Les sous-marins américains ont coulé les navires du camp aérien *Shokaku* et *Taiho*. La défaite est cachée au public et plus jamais les *porte-avions* japonais ne se battront régulièrement contre les États-Unis. Entre le 21 juillet et le 10 août, Guam a été reconquise dans les îles Mariannes. Le 24 novembre 1944, les bombardiers à long rayon d'action B-29 Superfortress commencent à bombarder le Japon depuis Saipan, renforcé par deux aérodromes sur Guam à la fin février 1945.

Les Américains envisagent maintenant de conquérir d'abord Formose, mais seule une fin rapide de la guerre en Europe permettrait de libérer les forces nécessaires à cette fin. C'est pourquoi, le 17 octobre 1944, ils ont commencé à reconquérir les Philippines en débarquant près et sur Leyte. La marine japonaise tire alors son dernier atout : la flotte de combat pour vaincre les Américains par une stratégie ingénieuse dans la plus grande bataille navale de l'histoire, la bataille du golfe de Leyte. La dernière escouade de navires, sans avions, a attiré la troisième flotte américaine vers le nord et une escouade de cuirassés a attiré la septième flotte américaine vers le sud afin qu'une escouade intermédiaire puisse attaquer la flotte de débarquement américaine par le détroit de San Bernardino. Ce plan a réussi mais après avoir fait chavirer un *porte-avions d'escorte*, la *force opérationnelle* centrale s'est retirée, de sorte que le sacrifice de quatre navires de camp aérien et de trois cuirassés avait été vain. Le 9 janvier 1945, les Américains débarquent sur Luzon, qui a été largement maîtrisé au printemps 1945.

En novembre 1944, les Japonais ont commencé à combiner leurs nombreux avions obsolètes et leurs pilotes mal entraînés dans le *Kamikaze* : des attaques suicides où l'avion se perce dans un navire ennemi avec la bombe et tout le reste. Les 3912 pilotes suicidaires ont coulé 47 navires, dont trois *porte-avions d'escorte*. Comme, en outre, quelque quatre cents navires ont été endommagés, le phénomène a été considéré comme un problème grave. Elle reflétait l'habitude des unités d'infanterie japonaises acculées de ne pas se rendre mais de se battre jusqu'à la mort dans des attaques banzaï.

1945 en Asie

Au cours de l'hiver 1945, les Alliés ont rompu presque toutes les liaisons maritimes entre le Japon et le sud. La marine et l'industrie souffrent d'une grave pénurie de carburant. Les matières premières ne pouvaient être obtenues qu'en Mandchourie et dans la Chine ravagée par la guérilla. Même ces routes ont ensuite été brisées par les sous-marins.

Plus d'un million de tonnes d'espace maritime a été coulé. Non seulement la production industrielle mais aussi la production alimentaire ont chuté d'un tiers. Pour affamer davantage la population, après le 27 mars 1945, dans le cadre de l'opération Starvation, les B-29 posent plus de 12 000 mines marines dans les eaux côtières japonaises.

Les bombardements depuis les îles Mariannes s'intensifient. Les infrastructures japonaises ont été systématiquement détruites. En l'absence de bonnes informations sur les cibles industrielles, ils se sont tournés vers le bombardement terroriste des villes japonaises ; un demi-million de personnes ont été tuées et cinq millions de Japonais se sont retrouvés sans abri. Le 10 mars 1945 a lieu le bombardement de Tokyo, qui fait au moins 83 600 morts, et selon certaines estimations deux cent mille, le plus lourd de l'histoire.

Afin d'acquérir des bases plus proches du Japon pour que les chasseurs puissent escorter les bombardiers, ils effectuent le débarquement sur Iwo Jima, capturant l'île entre le 19 février et le 26 mars, et la bataille d'Okinawa entre le 1er avril et le 22 juin, après un débarquement à peine moins important que le Jour J. Les îles sont défendues avec acharnement, entraînant la mort de vingt mille Américains et de plus de cent trente mille Japonais, dont de nombreuses femmes qui se sont suicidées à Okinawa de peur d'être violées.

Le 12 avril 1945, le président Roosevelt meurt, sans que l'effort de guerre américain ne faiblisse. La situation stratégique militaire japonaise est désespérée en juillet 1945. Les navires des camps volants alliés ont éliminé presque tous les grands navires de guerre japonais restants dans les eaux intérieures lors d'attaques massives sur le port naval de Kure entre le 24 et le 28 juillet. Des cuirassés comme l'USS *Missouri* et le *King George V* détruisent impunément les industries du charbon et de l'acier avec leur artillerie précise en juillet et août, signe pour la population que la situation est critique.

Il y avait des "colombes" dans le cabinet du nouveau premier ministre, l'amiral Kantarō Suzuki, qui espérait négocier une reddition par l'intermédiaire de l'Union soviétique encore neutre. Les "faucons", cependant, craignaient qu'une telle démarche ne conduise à la démilitarisation, au châtiment des criminels de guerre et à l'abolition de l'empereur.

Ils pensaient obtenir une meilleure position de négociation en refusant un débarquement prévu sur Kyushu avec trois mille pilotes kamikazes. Les Alliés réitèrent l'exigence d'une reddition inconditionnelle dans la déclaration de Potsdam le 26 juillet, d'ailleurs sans nommer l'empereur. Depuis Okinawa, les Américains craignaient de perdre un million d'hommes en cas de conquête du Japon. C'est avec soulagement que le projet secret Manhattan a testé avec succès une première bombe atomique le 16 juillet 1945. Le président Harry S. Truman ordonne le déploiement de la nouvelle arme atomique.

Le 6 août 1945, le B-29 *Enola Gay a* largué une bombe à uranium qui a détruit Hiroshima, tuant 79 000 personnes sur le coup. Pourtant, le cabinet japonais ne prend pas la décision de se rendre, espérant que les Américains ne possèdent qu'une seule arme de ce type. Le 9 août, une bombe au plutonium détruit Nagasaki, tuant directement

129

39 000 personnes. 145 000 autres personnes ont succombé à des brûlures et à des maladies dues aux radiations après les deux attaques.

L'Union soviétique, sous l'intense pression des États-Unis, avait accepté, lors de la conférence de Yalta, d'attaquer le Japon au plus tard trois mois après la capitulation allemande, à condition d'être autorisée à conquérir et à annexer le sud de Sakhaline et les Kouriles. Le 9 août 1945, l'opération "Tempête d'août" débute, écrasant l'armée japonaise du Kwantung en Mandchourie.

Le 10 août, l'empereur Hirohito oblige le cabinet à envoyer des télégrammes aux Alliés indiquant que la déclaration de Potsdam est acceptée à condition que sa position reste inchangée. Le 11 août, les Alliés contournent la question en déclarant que le peuple japonais sera autorisé à déterminer sa propre forme d'État. Le 15 août, à 12 heures, l'empereur capitule le Japon dans un discours radiodiffusé. Cela a permis d'éviter le largage d'une troisième bombe atomique vers le 19 août. Le 2 septembre 1945, la capitulation est signée, sur le cuirassé USS *Missouri*. Le Japon passe sous occupation américaine, dirigée par MacArthur. Le président Truman a déclaré une "cessation des hostilités" officielle entre les États-Unis et le Japon le 31 décembre 1946. Le 28 avril 1952, le traité de paix de San Francisco est conclu entre le Japon et la plupart des Alliés. L'exception était l'Union soviétique, en raison d'un conflit persistant au sujet des Kouriles.

Victimes et guerre

La Seconde Guerre mondiale s'est caractérisée par l'impuissance apparente des divers traités de paix et de non-agression conclus avant la guerre, ainsi que par une violence massive et impitoyable sans précédent jusqu'alors dans l'histoire, avec d'innombrables victimes civiles dans les deux sens. Les guerres précédentes avaient généralement établi une distinction de principe entre les civils et les soldats, les civils étant épargnés autant que possible ou, du moins, ne constituant pas une cible principale. Ce principe a été largement abandonné lors de la Seconde Guerre mondiale ; toutes les parties considéraient désormais les civils de l'autre partie comme des cibles valables, arguant que les civils contribuaient également à la capacité belligérante de l'ennemi. La Seconde Guerre mondiale est donc à ce jour l'exemple le plus parlant de guerre totale. En outre, l'Allemagne nazie et l'Union soviétique étaient toutes deux des régimes totalitaires, soutenus par la répression politique et l'endoctrinement. La guerre entre les armées était également très dure, en particulier sur le front de l'Est. Les règles de guerre internationalement reconnues (définies dans la Convention de Genève) ont été systématiquement et largement violées, notamment en ce qui concerne le traitement des prisonniers de guerre.

Au total, entre 50 et 70 millions de personnes sont mortes pendant la Seconde Guerre mondiale. Environ deux tiers de toutes les victimes étaient des civils, dont plus de 11 millions auraient appartenu à des minorités qui ont été systématiquement persécutées et assassinées. C'est également la première - et à ce jour la seule - guerre dans laquelle des armes nucléaires ont été utilisées. Les armes à missiles et les avions de chasse ont également été utilisés à une échelle relativement faible à la fin de la guerre. Pendant la guerre, toutes les parties concernées craignaient un déploiement sur le champ de bataille d'armes chimiques comme cela avait été le cas pendant la Première Guerre mondiale. Toutefois, les gaz de combat n'ont été déployés qu'à la périphérie, notamment par l'Italie en Abyssinie pendant la deuxième guerre italo-éthiopienne et par le Japon en Chine, où des expériences de guerre biologique étaient également menées.

Poursuite et destruction

On estime que 11 millions de personnes ont été systématiquement assassinées, la plupart dans les camps de concentration et d'extermination, qui étaient gérés comme une industrie à grande échelle et efficace.

Les malheureux qui étaient inférieurs et parasites aux yeux des nazis devaient être littéralement exterminés.

Pendant l'Holocauste, entre cinq et six millions de Juifs ont été assassinés, ainsi qu'environ cinq millions de Tziganes, de prisonniers de guerre, de Slaves, de handicapés, de résistants, de témoins de Jéhovah, d'homosexuels et de dissidents. Les Allemands ont utilisé diverses méthodes pour assassiner les *Untermenschen*, la plus célèbre étant les chambres à gaz.

Victimes civiles et bombardements

Les parties belligérantes ont délibérément bombardé la population civile. Les Japonais ont mené des attaques terroristes à Shanghai, Wuhan, Nankin et Canton (Guangzhou), entre autres.

En Europe, les Allemands ont notamment bombardé Varsovie, Rotterdam, Londres et Coventry. Cependant, les bombardements seront principalement utilisés par les Alliés comme moyen de mettre l'adversaire à genoux.

Les bombardements continus sur l'Allemagne et le Japon avaient deux objectifs stratégiques : la destruction de l'industrie de guerre et l'atteinte au moral des troupes. Cependant, la technologie permettant de diriger les bombes était encore si primitive que l'industrie de la guerre ne pouvait être affectée que si de vastes zones étaient bombardées, causant de nombreuses victimes civiles.

De plus, les Allemands ont réussi à loger une partie importante de l'industrie de guerre dans des usines souterraines : jusqu'à la toute fin de la bataille, cela a permis aux nazis de maintenir une étonnante capacité de production de matériel de guerre. En Allemagne, de grandes villes comme Hambourg, Cologne, Berlin et Dresde ont été lourdement endommagées, faisant au total 1,5 million de morts et de blessés.

Au Japon, 67 villes aux maisons majoritairement en bois ont été pratiquement anéanties par les bombes incendiaires. Cela a entraîné 500 000 morts et 5 millions de sans-abri.

Dans la zone du front de l'Union soviétique, les civils ont connu des moments très difficiles. La doctrine nazie avait peu de respect pour la vie des peuples slaves conquis, qui étaient considérés comme une collection d'Untermenschen

137

; le gouvernement considérait que leur survie était secondaire par rapport à l'obtention de la victoire.

En conséquence, un total d'environ 11,9 millions de citoyens soviétiques sont morts à cause de la violence de la guerre, de la terreur, de la faim, de la maladie et d'autres épreuves. Mais l'Union soviétique n'épargne pas non plus ses propres citoyens : toute personne soupçonnée de collaboration ou de soutien insuffisant à la résistance est déportée ou exécutée.

Les civils français ont également subi de grandes pertes pendant la guerre. Au total, 70 000 civils sont morts en France à la suite des actions des Alliés, principalement
138

des bombardements. Une grande partie d'entre eux, 19 890 tués et un nombre beaucoup plus important de blessés, ont été victimes de la libération de la Normandie.

Ce chiffre s'ajoute aux 15 000 morts et 19 000 blessés français lors des bombardements qui ont servi à préparer l'opération Overlord au cours des cinq premiers mois de 1944. Au total, plus de civils français ont été tués par les actions alliées que de civils britanniques par les bombardements allemands.

Enfin, en août 1945, des armes nucléaires ont également été utilisées contre la population civile japonaise. Cela a causé environ 250 000 pertes directes.

Implications géopolitiques

Le monde de 1939 compte six grandes puissances régionales : les États-Unis, qui émergent comme une nouvelle superpuissance, l'Union soviétique communiste, l'Allemagne nationale-socialiste, le Japon impérial et le Royaume-Uni et la France coloniaux. Ce monde a disparu. La période d'après-guerre, jusqu'en 1989, date de la chute du mur de Berlin, a été marquée par la rivalité entre les deux superpuissances restantes : les États-Unis et l'Union soviétique.La rivalité géopolitique mutuelle entre ces deux superpuissances est connue sous le nom de guerre froide.

La montée en puissance des deux superpuissances est allée de pair avec la réduction du pouvoir et de la position des trois autres pays. Le Japon et l'Allemagne ont perdu la guerre et leur rôle politique et militaire mondial est donc terminé pour le moment.

En 1949, l'Allemagne est divisée en deux parties, l'une occidentale et l'autre orientale, plus petite, qui font respectivement partie de l'OTAN et du Pacte de Varsovie. Il en sera ainsi jusqu'en 1990. Le Japon reste indivis et est même autorisé à conserver son empereur, bien que celui-ci doive renoncer à son statut divin. En tant que protégé des États-Unis, le Japon pouvait se concentrer sur la reconstruction économique, ce qu'il a fait avec beaucoup de succès.

En dehors d'Hawaï, les États-Unis n'ont pas connu de guerre sur leur propre sol et ont subi des pertes relativement légères.

Ils ont soutenu les pays non communistes d'Europe et d'Asie, qu'il s'agisse de pays amis ou d'anciens ennemis, l'Allemagne et le Japon, à l'aide de dizaines de milliards de dollars (plan Marshall), ce qui a permis aux Japonais et aux Européens de l'Ouest de se sortir rapidement du bourbier économique.

Les choses étaient différentes dans les pays d'Europe de l'Est dominés par l'Union soviétique : au lieu d'un crédit, ils ont reçu un modèle économique communiste imposé par Staline, qui, à ce jour, rend les Européens de l'Ouest plus riches que les Européens de l'Est.

La Seconde Guerre mondiale a également déclenché une nouvelle vague de décolonisation. Bien que l'Empire britannique figure parmi les gagnants, son déclin en tant
141

que grande puissance ne tarde pas à se produire. Les empires coloniaux français et néerlandais semblent également avoir fait leur temps. Les Japonais avaient considérablement attisé les sentiments nationalistes en Extrême-Orient pour obtenir un soutien dans leur lutte contre les puissances occidentales. Ce génie était sorti de la bouteille et ne reviendrait pas.

En outre, les Britanniques avaient épuisé la plupart de leurs réserves financières pour acheter des armes et des fournitures aux États-Unis, qu'ils avaient payées avec des titres de créance qu'il leur faudrait des décennies pour rembourser. Les empires coloniaux s'effondrent rapidement et, après la crise de Suez de 1956, la France et le Royaume-Uni doivent apprendre à vivre avec le statut de puissance moyenne.

Dans le territoire sous mandat britannique de la Palestine, l'État d'Israël a été fondé peu après la guerre. C'est ainsi qu'est né le conflit israélo-arabe, qui, jusqu'à aujourd'hui, a régulièrement provoqué des conflits armés dans cette partie du Moyen-Orient.

Les horreurs de la Seconde Guerre mondiale ont conduit à une intensification de la coopération internationale, notamment sur le continent européen. Les Nations unies et, en partie à cause de la guerre froide, l'Union européenne, ont ainsi vu le jour.

Le succès de l'Union européenne, avec sa législation supranationale, sa monnaie commune et ses valeurs démocratiques, rend difficile d'imaginer un conflit européen à l'heure actuelle.

www.ingramcontent.com/pod-product-compliance
Lightning Source LLC
Chambersburg PA
CBHW071751150726
47998CB00005B/1900